LIBRO DE COCINA FREIDORA DE AIRE 2022

RECETAS SALUDABLES Y SIN ESFUERZO PARA FREIDORAS PARA PRINCIPIANTES Y USUARIOS AVANZADOS

LAURA BOL

Copyright 2022 - Todos los derechos reservados.

Reservados todos los derechos. Ninguna parte de esta publicación o la información contenida en ella puede citarse o reproducirse de ninguna forma por medio de impresión, escaneo, fotocopiado o cualquier otro medio sin el permiso previo por escrito del titular de los derechos de autor.

Descargo de responsabilidad y condiciones de uso: Se han realizado esfuerzos para garantizar que la información de este libro sea precisa y completa; sin embargo, el autor y el editor no garantizan la precisión de la información, el texto y los gráficos contenidos en el libro debido a la rapidez naturaleza cambiante de la ciencia, la investigación, los hechos conocidos y desconocidos e Internet. El autor y el editor no asumen ninguna responsabilidad por errores, omisiones o interpretación contraria del tema en este documento. Este libro se presenta únicamente con fines motivacionales e informativos.

Tabla de contenido

CARNE 14

Chuletas de cerdo al horno.. 14

Chuletas de Cordero Balsámico 16

Borgoña de carne.. 18

Empanadas de carne 20

Gyros de carne.. 22

Negimaki de ternera 24

Rollo de carne al estilo americano... 26

Stroganoff de carne.. 28

Carne Frita... 30

Espaguetis a la cazuela con salchichas 32

Albóndigas Cubiertas De Queso 34

Pollo con Tocino y Mostaza.. 36

Carne en conserva con cerveza 38

Panza de cerdo crujiente 40

Cerdo en olla de barro con verduras de verano............................... 42

Bocanadas de curry.. 44

Chuletas de cerdo... 46

Rollos de huevo con ternera 48

Albóndigas Griegas.. 50

Tazas de Quiche de Jamón 52

Jamón con Peras 54

Costillas calientes... 57

Sándwich de ternera italiano 59
Rollos de Cerdo Italiano con Queso 61
Jagerschnitzel 63
Cordero Kofta 66
Pastel de Cordero con Romero 69
Cordero con corteza de queso 71
Pierna de cordero 74
Pastel de Carne al Estilo Griego con Espinacas y Feta 76
Quesadilla mediterránea 78
Cerdo Mexicano con Arroz 80
Asado de coque de Mississippi 82
Carne de res al estilo mongol 84
Carne de cerdo Moo Shu 86
Chuletas de cerdo con piña 88
Vientre de cerdo al estilo chino 90
Chuletas de cerdo en la freidora 92
Chuletas de cerdo con parmesano 94
Perritos calientes de cerdo 96
Lomo De Cerdo Con Mostaza 98
Cerdo en Salsa de Soja 100
Potstickers de cerdo 102
Bocaditos de cerdo con manzana 104
Schnitzel de cerdo 106
Sándwich de solomillo de cerdo 108
Pizza de Hongos Portobello con Jamón 110
Carne de cerdo desmenuzada con rollos de gouda ahumado 112
Pollo con Pasta de Gambas 115
Sándwich de pollo con chick-fil 117

pollo de coco 119
Pollo al coco con miel picante de naranja 121
Pollo al curry de coco 123
Pollo Cordon Blue 125
Molinillos De Pollo Con Queso Crema 128
Pollo Crema-Cebolla 130
Pollo cremoso de Asiago 132
Pollo cremoso con limón y parmesano al estilo italiano 134
Pollo crujiente con mostaza 137
Pollo picante crujiente 140
Pollo doble crujiente con miel y ajo 142
Pollo Frotado En Seco 145
Pollo al limón fácil 148
Alitas de pollo con ajo y parmesano 150
Pollo al estilo griego 153
Pollo Hawaiano A La Parrilla 155
Pechuga de pavo asada con hierbas 158
Pollo en miel balsamica 160
pollo a la matequilla Hindu 162
Empanadas de Jalapeño Popper 165
Pechugas De Pollo Al Limón 168
Muslos de pollo glaseados con soja y arce 170
Pollo Nandos 172
Muslo de pollo panko con calabacín y aros de cebolla 174
Filete De Pollo A La Parmesano 177
Tiras de pollo rápidas 179
Pollo Asado con Ajo y Clavo 181
Pollo simple con anacardos 183

Pollo a la sartén con limoncillo 186
Pollo Asado con Espinacas 188
Pavo condimentado con hierbas de la India 190
Pollo asiático pegajoso 193
Alas pegajosas en estilo griego 195
Pollo al tomate al sol 197
Pollo Teriyaki con Arroz de Piña 199
Muslos de pollo tailandés 201
Pavo al curry rojo tailandés 203
Hamburguesas tailandesas de pavo 205
Tikka Masala con Pollo 207
Nachos de pavo y feta 209
Hamburguesa De Pollo Zinger 212
   Conclusión 217

INTRODUCCIÓN

Todo el día corremos a toda prisa para resolver todos los problemas, ganar más dinero y conocer a todos los que queríamos; parece que no hay lugar para la ración saludable. A veces renunciamos a esta idea y comenzamos a comer comida rápida. A veces simplemente no podemos encontrar minutos y horas libres para cocinar carne de pollo en el horno o simplemente verduras asadas.

Además, estamos desperdiciando mucho dinero en comidas rápidas y almuerzos en restaurantes. Air Fryer: es una solución eficaz para estos problemas. ¡Esto es una revolución en la industria alimentaria!

No más dietas, no más pérdidas de tiempo y dinero. Olvídese de las calorías y el peso: coma alimentos deliciosos como de costumbre, pruebe nuevos recibos todos los días y haga que sus días grises de la semana sepan deliciosos.

¿Por qué cocinar en Air Fryer es mejor? En primer lugar, no ocupa mucho espacio. Puede colocar esta máquina bastante pequeña (pero lo suficientemente grande como para cocinar incluso pollo entero con miel) incluso en la cocina u oficina pequeña. En segundo lugar, Air Fryer le permite cocinar sin aceite y esta tecnología hace que su ración sea varias veces más saludable. Ahora finalmente puede olvidarse de las dietas y dejar de pasar hambre para perder algo de peso.

¡Todo lo que cocines en Air Fryer estará lleno de vitaminas y bajas calorías! Es difícil de creer, pero puede permitirse fácilmente comer un sándwich club de barbacoa con papas fritas y postres y olvidarse de los kilos de más.

Air Fryer le permite ahorrar tiempo y dinero. No es necesario agregar mucho aceite y buscar recibos complicados. Esta máquina pequeña y fácil de usar hará realidad todos sus sueños.

Esta es su guía para una vida saludable sin dietas ni calorías extrañas.

¡Descubrirás lo fácil y sencillo que es cocinar deliciosas recetas para asombrar a tu invitado!

CARNE

Chuletas de cerdo al horno

¡La carne de cerdo dulce y tierna es algo que puede hacer que cualquier día sea más brillante!

Tiempo de preparación: 15 minutos.
Tiempo de cocción: 25 minutos.
Porciones: 8

Ingredientes:

- 8 chuletas de cerdo
- ¼ de cucharadita de pimienta
- 4 tazas de mezcla para relleno
- ½ cucharadita de sal
- 2 cucharadas de aceite de oliva
- 4 dientes de ajo
- 2 cucharadas de hojas de salvia

Direcciones:

1. Encienda la Air Fryer y precaliente a 350oF.
2. Corta un agujero en las chuletas.
3. Rellena las chuletas con la mezcla para relleno.
4. Mezclar hojas de salvia, dientes de ajo, aceite de oliva, sal y pimienta.
5. Cubra las chuletas de cerdo con la marinada.
6. Hornee las chuletas de cerdo en la Air Fryer durante 25 minutos.
7. Sirve con queso.

Nutrición:

- Calorías: 118
- Grasas: 7g
- Carbohidratos: 0g
- Proteína: 13g

Chuletas de Cordero Balsámico

¡Las tiernas chuletas de cordero con suave salsa balsámica serán una cena satisfactoria y deliciosa!

Tiempo de preparación: 10 minutos.
Tiempo de cocción: 15 minutos.
Porciones: 6

Ingredientes:

- 12 chuletas de cordero
- 3 cucharadas de azúcar morena
- 2 cucharadas de aceite de oliva
- ¼ de cucharadita de pimienta
- 1 cucharada de ajo
- ½ cucharadita de sal
- 1 cucharada de sal gruesa
- ½ taza de vinagre balsámico

Direcciones:

1. Encienda Air Fryer y precaliente hasta 360oF.
2. Mezcle vinagre, azúcar morena, sal y pimienta.
3. Hierva la marinada en el bol.
4. Cubrir las chuletas de cordero con la marinada caliente y dejar macerar durante 10 minutos.
5. Agregue ajo, aceite de oliva y sal gruesa a las chuletas de cordero.
6. Hornee las chuletas de cordero en la Air Fryer durante 15 minutos.
7. Sirve con vinagre balsámico.

Nutrición:

- Calorías: 255
- Grasas: 19g
- Hidratos de Carbono: 5g
- Proteína: 14g

Borgoña de carne

¡Carne de res marinada ligera y sabrosa con salsa de cebolla! Prueba el almuerzo tradicional francés hoy

Tiempo de preparación: 5 minutos.
Tiempo de cocción: 30 minutos.
Porciones: 5

Ingredientes:

- 1 1/2 libras de filete de res
- 1 paquete de fideos de huevo
- 1 oz de mezcla de sopa de cebolla seca
- 1 lata de crema de champiñones
- 2 tazas de champiñones en rodajas
- ½ taza de vino tinto
- Cebolla
- ½ taza de caldo de res
- 3 dientes de ajo
- 1 cucharada de salsa Worcestershire

Direcciones:

1. Encienda Air Fryer y precaliente hasta 360oF.
2. Cubra la carne con la mezcla de sopa de cebolla.
3. Mezcle la salsa, los dientes de ajo, el caldo de res, la cebolla picada, los champiñones y la sopa de champiñones.
4. Cubra la carne con la salsa.
5. Cocine en la Air Fryer durante 25 minutos.
6. Sirve con fideos de huevo.

Nutrición:

- Calorías: 160
- Grasas: 9g
- Hidratos de Carbono: 8g
- Proteína: 10g

Empanadas de carne

¡Carne picante y picante en masa crujiente con hierbas frescas!

Tiempo de preparación: 10 minutos
Tiempo de cocción: 10 minutos.
Porciones: 4

Ingredientes:

- 1 libra de carne de res
- Yema
- 1 paquete de conchas de empanada
- Sal al gusto
- Pimienta al gusto
- 1 cucharada de aceite de oliva
- ½ cucharadita de comino
- ¼ taza de salsa
- ½ pimiento morrón
- 2 dientes de ajo
- 1 cebolla

Direcciones:

1. Encienda la Air Fryer y precaliente a 350oF.
2. Freír la ternera picada con aceite de oliva en la sartén.
3. Picar el ajo con la cebolla y sofreír en la sartén con la carne de res durante 5 minutos.
4. Agregue el comino, el pimiento morrón, los dientes de ajo picados y la salsa en la sartén.
5. Freír durante 5 minutos.
6. Coloque la mezcla de carne sobre las conchas de empanada.
7. Mezclar la leche con los huevos batidos.
8. Cubra las empanadas con la mezcla de huevo.
9. Hornea las empanadas en la Air Fryer durante 10 minutos.
10. ¡Sirve con hierbas frescas!

Nutrición:

- Calorías: 270
- Grasas: 17g
- Hidratos de Carbono: 17g
- Proteína: 20g

Gyros de carne

Sabroso, saludable y fácil: ¡parece ser el plato ideal!

Tiempo de preparación: 15 minutos.
Tiempo de cocción: 25 minutos.
Porciones: 4

Ingredientes:

- 1 1/2 libra de carne asada
- Sal al gusto
- Pimienta al gusto
- ¾ cucharaditas de sal
- 1 cucharadita de eneldo seco
- ½ cucharadita de pimienta
- 1 cucharadita de vinagre de vino tinto
- 3 cucharadas de aceite de oliva
- 1 cucharada de jugo de limón
- 2 cucharaditas de ajo en polvo
- 1 diente de ajo
- 1 ½ cucharadita de orégano
- 1 taza de yogur
- 5 pitas suaves

- Rodajas de pepino
- Lechuga en rodajas
- Cebolla rebanada
- Tomates cortados por la mitad

Direcciones:

1. Mezcle yogur griego, sal, pimienta, ajo picado, eneldo seco, jugo de limón, vinagre de vino y aceite de oliva.
2. Encienda la Air Fryer y precaliente hasta 380oF.
3. Cortar la carne en tiras.
4. Mezcle ajo en polvo, jugo de limón, orégano y sal. Cubra la carne con la marinada.
5. Picar los tomates, el pepino y la lechuga.
6. Hornee la carne en la Air Fryer durante 15 minutos.
7. Sirve con salsa y verduras.

Nutrición:

- Calorías: 593
- Grasas: 12g
- Hidratos de Carbono: 74g
- Proteínas: 44g

Negimaki de ternera

Carne rellena de hierbas y verduras frescas: ¡auge de vitaminas en el plato!

Tiempo de preparación: 20 minutos
Tiempo de cocción: 10 minutos.
Porciones: 4

Ingredientes:

- 2 manojos de cebolletas
- 1 cucharadita de concentrado de tamarindo
- 1 libra de carne de res
- 1 cucharada de azucar
- 1 cucharada de aceite de canola
- 1 diente de ajo picado
- 1/3 taza de salsa de soja
- 1 cucharada de jengibre picado
- 1/3 taza de vinagre de vino
- 1 cucharadita de sriracha
- 2 cucharadas de salsa de pescado
- 1 cucharadita de aceite de sésamo

Direcciones:

1. Mezclar en un bol tamarindo, azúcar, ajo, jengibre, salsa de soja, vinagre, sriracha, aceite de sésamo y salsa de pescado.
2. Encienda la Air Fryer y precaliente hasta 380oF.
3. Cubra las cebolletas con la marinada.
4. Enrolle la carne de res.
5. Coloque las cebolletas con adobo en el centro de los rollitos de carne.
7. Enrolle la carne de res.
8. Cubre Air Fryer con aceite de canola.
9. Coloque los rollos de carne en la Air Fryer y hornee durante 10-15 minutos.
10. ¡Sirve con hierbas!

Nutrición:

- Calorías: 252
- Grasas: 7.5g
- Hidratos de carbono: 8,2 g
- Proteínas: 37g

Rollo de carne al estilo americano

Pruebe carne de verdad, ¡solo carne de res y verduras!

Tiempo de preparación: 15 minutos
Hora de cocinar: 15 minutos
Porciones: 4

Ingredientes:

- 2 libras de filete de res
- 1 cucharadita de pimienta
- 3 cucharadas de pesto
- 1 cucharadita de sal
- 6 lonchas de queso
- ¾ taza de espinacas
- 3 onzas de pimiento morrón

Direcciones:

1. Encienda la Air Fryer y precaliente a 400oF.
2. Cubra los filetes con pesto.
3. Cubra los filetes de carne con queso, espinacas y pimiento morrón.
4. Enrolle las rodajas de carne.
5. Cubra los rollos de carne con sal y pimienta.
6. Coloque los rollos en la Air Fryer y hornee por 15 minutos.
7. Sirve con salsa picante.

Nutrición:

- Calorías: 380
- Grasas: 18g
- Hidratos de Carbono: 40g
- Proteína: 11g

Stroganoff de carne

Carne tierna en Air Fryer: ¡cena súper suave y saludable!

Tiempo de preparación: 10 minutos
Tiempo de cocción: 10 minutos.
Porciones: 3

Ingredientes:

- 1 libra de bistec fino
- 4 cucharadas de mantequilla
- Cebolla
- 1 taza de crema agria
- 8 oz de champiñones
- 4 tazas de caldo de res
- 16 oz de fideos de huevo

Direcciones:

1. Mantequilla derretida.
2. Encienda la Air Fryer y precaliente a 400oF.
3. Mezcle la mantequilla derretida con los champiñones en rodajas, la crema, la cebolla picada y el caldo de res.
4. Cubra los filetes con la marinada.
5. Hornee los bistecs en la Air Fryer durante 10 minutos.
6. ¡Sirve con salsa picante!

Nutrición:

- Calorías: 361g
- Grasas: 16g
- Hidratos de carbono: 16,7 g
- Proteína: 35g

Carne Frita

Echa un vistazo a la nueva variante de los palitos fritos: ¡papas fritas de carne con hierbas y salsa!

Tiempo de preparación: 10 minutos.
Tiempo de cocción: 10 minutos.
Porciones: 3

Ingredientes:

- 2 patatas
- 1 cucharadita de pimentón
- 2 cucharadas de aceite de oliva
- 1 cucharadita de ajo en polvo
- 1 cucharadita de sal
- 1 jugo de limón
- 1 jugo de naranja
- ½ libra de bistec
- ¼ de taza de jugo de lima
- ½ cucharadita de pimienta
- 2 cucharadas de cilantro
- 1 cucharadita de chile en polvo
- 2 dientes de ajo

- ½ cucharadita de orégano

Direcciones:

1. Encienda la Air Fryer y precaliente a 400oF.
2. Mezclar las patatas picadas con aceite de oliva, ajo en polvo, sal y pimentón.
3. Hornee las papas en la Air Fryer durante 15 minutos.
4. Mezcle sal, pimienta, chile en polvo, cilantro, orégano, jugo de limón y jugo de naranja.
5. Marine el bistec con la marinada.
7. Cocine la carne en la Air Fryer durante 10 minutos.
8. Cubre la carne con el queso y hornea por 7 minutos más.
9. ¡Sirve con salsa de frutos rojos!

Nutrición:

- Calorías: 416
- Grasas: 29g
- Hidratos de carbono: 52g
- Proteínas: 26g

Espaguetis a la cazuela con salchichas

¡Plato de cena realmente satisfactorio y delicioso para ti!

Tiempo de preparación: 40 minutos
Tiempo de cocción: 25 minutos.
Porciones: 6

Ingredientes:

- 16 onzas de fideos de espagueti
- ½ taza de mantequilla
- 1 cebolla
- 3 tazas de mozzarella
- 5 dientes de ajo
- ¼ taza de crema agria
- 1 ½ libras de salchichas italianas
- 8 onzas de queso crema
- 3 cucharaditas de hierbas italianas
- 8 onzas de queso ricotta
- 2-24 onzas de salsa de espagueti

Direcciones:

1. Encienda la Air Fryer y precaliente a 350oF.
2. Prepare varias formas de hornear para los espaguetis.
3. Hervir la pasta durante 9 minutos en el bol.
4. Cortar las salchichas, mezclar con el ajo picado y la cebolla, freír en la sartén con aceite de oliva durante 5 minutos.
5. Cubra las salchichas con condimento italiano.
6. Licue el requesón, la ricota, la mozzarella, la crema agria, el queso crema y el condimento italiano.
7. Coloque la mantequilla en forma de hornear. Agregue los espaguetis arriba. Cubra los espaguetis con la salchicha frita. Cubra las salchichas con queso.
8. Hornee las formas de espagueti en la Air Fryer durante 25 minutos.
10. ¡Sirve con hojas frescas de albahaca!

Nutrición:

- Calorías: 354
- Grasas: 21g
- Hidratos de Carbono: 19g
- Proteína: 23g

Albóndigas Cubiertas De Queso

¡Prueba estas tiernas albóndigas con queso tierno encima y te sorprenderás!

Tiempo de preparación: 15 minutos.
Tiempo de cocción: 20 minutos.
Porciones: 5
Ingredientes:

- ¾ libra de carne
- 1 cucharada de leche
- ¾ libra de cerdo
- 1 huevo
- 1 ½ taza de mozzarella
- 2 dientes de ajo
- 1/3 taza de parmesano
- 1/3 taza de pan rallado
- 1 cucharadita de albahaca
- Sal al gusto
- ½ cucharadita de orégano
- ¼ de cucharadita de pimiento rojo
- 2 tazas de leche entera
- 1/8 cucharadita de nuez moscada

- 3 cucharadas de mantequilla
- 2 cucharadas de harina

Direcciones:

1. Encienda la Air Fryer y precaliente a 350oF.
2. Mezcle la carne de cerdo con la leche, las hierbas, el condimento, el huevo, el parmesano y la leche.
3. Forme albóndigas de la carne.
4. Mantequilla derretida.
5. Cubre las bolas con la mantequilla.
6. Hornee en la Air Fryer durante 10 minutos.
7. Coloque el queso encima y la salsa.
8. Hornee por 15 minutos más.
9. ¡Sirve con salsa de frutos rojos!

Nutrición:

- Calorías: 200
- Grasas: 14g
- Hidratos de Carbono: 16g
- Proteína: 4g

Pollo con Tocino y Mostaza

Dos tipos de carne con mostaza de Dijon, ¡algo obligatorio para probar!

Tiempo de preparación: 5 minutos.
Tiempo de cocción: 30 minutos.
Porciones: 5

Ingredientes:

- 4 rebanadas de tocino
- Sal al gusto
- 1 1/2 libras de pechugas de pollo
- 3 cucharadas de mostaza de Dijon
- 1 cucharada de aceite de coco
- 1 cucharada de sirope de arce
- 1 taza de puerros
- 1 lata de leche de coco
- 12 oz de champiñones en rodajas

Direcciones:

1. Encienda Air Fryer y precaliente hasta 360oF.
2. Freír el tocino en la freidora durante 10 minutos.
3. Coloque el pollo en la Air Fryer y cocine por 10 minutos.
4. Mezcle la leche de coco, los puerros, el jarabe de arce, el aceite de coco, la mostaza, la sal y los champiñones.
5. Agregue salsa al pollo y hornee por 7 minutos más.
6. ¡Sirve con tocino y hojas frescas de albahaca!

Nutrición:

- Calorías: 460
- Grasas: 17g
- Hidratos de Carbono: 45g
- Proteína: 35g

Carne en conserva con cerveza

¡La carne borracha es una de las recetas más deliciosas!

Tiempo de preparación: 15 minutos.
Tiempo de cocción: 40 minutos.
Porciones: 3

Ingredientes:

- 2 tallos de apio
- 1 cucharada de especias de carne
- 4 zanahorias
- Botella de cerveza de 12 oz
- Cebolla
- 1 ½ tazas de caldo de pollo
- 4 libras de carne en conserva

Direcciones:

1. Encienda la Air Fryer y precaliente hasta 380oF.
2. Cubrir la carne con la cerveza y dejar marinar durante 20 minutos.
3. Pica zanahorias y cebolla.
4. Hervir la zanahoria y la cebolla con la carne en caldo de pollo.
5. Cubra la carne seca con verduras con especias y apio.
7. Hornee los ingredientes en la Air Fryer durante 30 minutos.
8. Sirve con queso.

Nutrición:

- Calorías: 320
- Grasas: 22g
- Hidratos de Carbono: 10g
- Proteína: 21g

Panza de cerdo crujiente

¿Puede la carne de cerdo ser tan suave y dulce? ¡Con Air Fryer es posible!

Tiempo de preparación: 10 minutos
Tiempo de cocción: 25 minutos.
Porciones: 8

Ingredientes:

- 2 libras de panceta de cerdo
- ½ cucharadita de pimienta
- 1 cucharada de aceite de oliva
- 1 cucharada de sal
- 3 cucharadas de miel

Direcciones:

1. Encienda la Air Fryer y precaliente a 400oF.
2. Cubra la carne con sal y pimienta.
3. Ponga aceite de oliva en la freidora.
4. Hornea la carne durante 15 minutos.
5. Agrega la miel y hornea 10 minutos más.

Nutrición:

- Calorías: 280
- Grasas: 17g
- Carbohidratos: 0g
- Proteína: 32g

Cerdo en olla de barro con verduras de verano

Carne blanda con salsa cremosa y verduras asadas brillantes: ¡cena llena de vitaminas!

Tiempo de preparación: 15 minutos
Tiempo de cocción: 50 minutos.
Porciones: 7

Ingredientes:

- Cerdo asado
- ¼ taza de leche
- 3 cucharadas de aceite de oliva
- ¼ de taza de agua
- Sal al gusto
- Pimienta al gusto
- 3 paquetes de mezcla de salsa de cerdo
- 3 patatas
- ½ taza de azúcar morena
- Cebolla
- ¼ de taza de aderezo balsámico de Newman
- 3 tazas de zanahorias
- ¼ taza de salsa de soja

- 1 cucharada de ajo
- 1 lata de crema de champiñones

Direcciones:

1. Cubra la carne de cerdo con sal, pimienta y aceite. Freír en la sartén durante 10 minutos.
2. Encienda la Air Fryer y precaliente hasta 380oF.
3. Pelar las patatas y picar las cebollas.
4. Licue las papas, las zanahorias y las cebollas picadas.
5. Mezclar la salsa de soja, el aderezo balsámico, el agua, el azúcar morena y verter sobre la carne de cerdo.
6. Coloque la carne de cerdo con verduras en la Air Fryer y cocine durante 50 minutos.
8. Freír la mezcla de salsa de cerdo, la leche y el agua en la sartén.
9. Cubra la carne de cerdo con verduras con la mezcla de leche.
10. ¡Sirve con hierbas frescas!

Nutrición:

- Calorías: 350
- Grasas: 6g
- Hidratos de Carbono: 24g
- Proteína: 30g

Bocanadas de curry

¡Disfrute de bocadillos de carne picantes y picantes para la cena!

Tiempo de preparación: 15 minutos
Tiempo de cocción: 20 minutos.
Porciones: 18

Ingredientes:

- 3 cucharadas de aceite de oliva
- Huevo batido con 1 cucharada de agua
- Cebolla
- 2 láminas de hojaldre
- 2 dientes de ajo
- 1 cucharada de maicena
- 1 libra de carne de res
- 2/3 taza de caldo de res
- 2 cucharadas de curry en polvo
- 1 cucharadita de sal
- 1 ½ cucharadita de cúrcuma
- ¼ de cucharadita de pimienta
- ½ cucharadita de comino
- ¼ de cucharadita de azúcar

Direcciones:

1. Encienda la Air Fryer y precaliente a 400oF.
2. Vierta aceite en la sartén.
3. Coloque las cebollas picadas y el ajo en la sartén.
4. Cubra la carne con azúcar, sal, curry en polvo, cúrcuma y comino. Freír en la sartén durante 5 minutos.
5. Mezcle la pimienta con la maicena. Agregue a la mezcla de carne.
6. Enrolle la masa y córtela en 9 cuadrados.
7. Coloque la mezcla de carne sobre la masa y enrolle la masa.
8. Cubrir con huevo batido.
9. Sirva bocanadas con salsa picante.

Nutrición:

- Calorías: 246
- Grasas: 16g
- Hidratos de Carbono: 20g
- Proteína: 5g

Chuletas de cerdo

Deliciosas chuletas de cerdo con salsa verde Mole, patatas acarameladas y glaseado de tamarindo - ¡plato perfecto para la cena!

Tiempo de preparación: 15 minutos.
Tiempo de cocción: 30 minutos.
Porciones: 4

Ingredientes:

- 2 cucharadas de pasta de tamarindo
- Patatas caramelizadas
- 1 cucharada de ajo
- Salsa de mole verde
- 3 cucharadas de sirope de maíz
- 1 cucharada de aceite de oliva
- 3 cucharadas de melaza
- 4 cucharaditas de condimento Southwest
- 2 cucharadas de salsa de tomate
- 4 chuletas de cerdo
- 2 cucharadas de agua
- Pimienta al gusto
-

Direcciones:

1. Encienda la Air Fryer y precaliente a 350oF.
2. Mezclar todos los ingredientes a excepción de las patatas, las chuletas de cerdo y la salsa Mole.
3. Marinar las chuletas de cerdo en la mezcla durante media hora.
4. Hornee las chuletas de cerdo en la Air Fryer durante 25 minutos.
5. Sirve con salsa de mole y pasta caramelizada.

Nutrición:

- Calorías: 519
- Grasas: 26g
- Hidratos de Carbono: 9g
- Proteínas: 56g

Rollos de huevo con ternera

Ternera suave y tierna con verduras y huevos en masa crujiente: ¡cena deliciosa y rápida!

Tiempo de preparación: 15 minutos.
Tiempo de cocción: 10 minutos.
Porciones: 4

Ingredientes:

- 10 envoltorios de rollo de huevo
- Salsa de brandy de vino blanco
- Huevo
- 1 maestro de aceite
- 4 tazas de res y repollo
- ½ taza de mermelada de naranja
- 5 lonchas de queso suizo

Direcciones:

1. Encienda Air Fryer y precaliente hasta 390oF.
2. Mezclar repollo, ternera, mermelada y queso suizo.
3. Cubrir con salsa de brandy de vino.
4. Coloque la mezcla de carne en la envoltura de huevo. Repite con todos los envoltorios.
5. Cerrar las empanadas y cubrir con huevo batido.
6. Coloque las empanadas en la Air Fryer y cubra con aceite maestro.
8. Hornea las empanadas en la Air Fryer durante 10 minutos.
9. Sirve con queso tierno.

Nutrición:

- Calorías: 267
- Grasas: 16g
- Hidratos de Carbono: 22g
- Proteína: 10g

Albóndigas Griegas

¡Este recibo de albóndigas realmente saludable hará que cualquier cena sea mejor!

Tiempo de preparación: 15 minutos
Tiempo de cocción: 20 minutos.
Porciones: 4

Ingredientes:

- 1 libra de carne de res
- 1/8 cucharadita de pimienta gorda
- Huevo
- ¼ de cucharadita de cilantro
- 1 limón
- ½ cucharadita de pimienta
- ¼ taza de perejil picado
- ½ cucharadita de comino
- 2 dientes de ajo
- 1 cucharadita de sal
- 1 cucharadita de orégano

Direcciones:

1. Encienda la Air Fryer y precaliente a 400oF.
2. Mezclar todos los ingredientes, excepto el huevo.
3. Forma bolas.
4. Cubre las albóndigas con huevo.
5. Coloque las albóndigas en la Air Fryer y cocine durante 20 minutos.
6. ¡Sirve con salsa picante!

Nutrición:

- Calorías: 139
- Grasas: 11g
- Hidratos de Carbono: 1g
- Proteína: 8g

Tazas de Quiche de Jamón

Jamón sabroso y suave con verduras asadas, queso ablandado y masa crujiente: ¡este recibo te enamorará de las tartas de jamón!

Tiempo de preparación: 10 minutos.
Tiempo de cocción: 15 minutos.
Porciones: 18

Ingredientes:

- 5 huevos
- 2.25 onzas de jamón
- 1 taza de leche
- 1/8 cucharadita de pimienta
- 1 ½ taza de queso suizo
- ¼ de cucharadita de sal
- ¼ de taza de cebolla verde
- ½ cucharadita de tomillo

Direcciones:

1. Encienda la Air Fryer y precaliente a 350oF.
2. Batir los huevos en el plato.

3. Agrega tomillo, cebolla picada, sal, queso suizo, pimienta y leche a la mezcla batida.
4. Prepara moldes para hornear para los muffins.
5. Coloque las rodajas de jamón en las formas de tocino.
7. Cubra el jamón con la mezcla de huevo.
8. Coloque los moldes en la Air Fryer y hornee por 15 minutos.
9. ¡Sirve con hojas frescas de albahaca!

Nutrición:

- Calorías: 80g
- Grasas: 5g
- Carbohidratos: 0g
- Proteína: 7g

Jamón con Peras

¡Este recibo Eater puede ser tanto un plato principal perfecto como un plato especial para la celebración!

Tiempo de preparación: 15 minutos
Tiempo de cocción: 15 minutos.
Porciones: 1

Ingredientes:

- 15 oz de peras cortadas por la mitad
- 8 libras de jamón ahumado
- 1 ½ tazas de azúcar morena
- ¾ cucharaditas de especias
- 1 cucharada de vinagre de sidra de manzana
- 1 cucharadita de pimienta negra
- 1 cucharadita de extracto de vainilla

Direcciones:

1. Encienda la Air Fryer y precaliente hasta 330oF.
2. Mezcle las peras con azúcar morena, vinagre de sidra, extracto de vainilla, pimienta y todas las especias.
3. Freír esta mezcla en la sartén.
4. Cubre el jamón con la salsa de pera.
5. Coloque el jamón en la Air Fryer y cocine durante 15 minutos.
6. Sirve el jamón con la salsa picante.

Nutrición:

- Calorías: 357
- Grasas: 13,6g
- Hidratos de Carbono: 40g
- Proteínas: 18,3 g

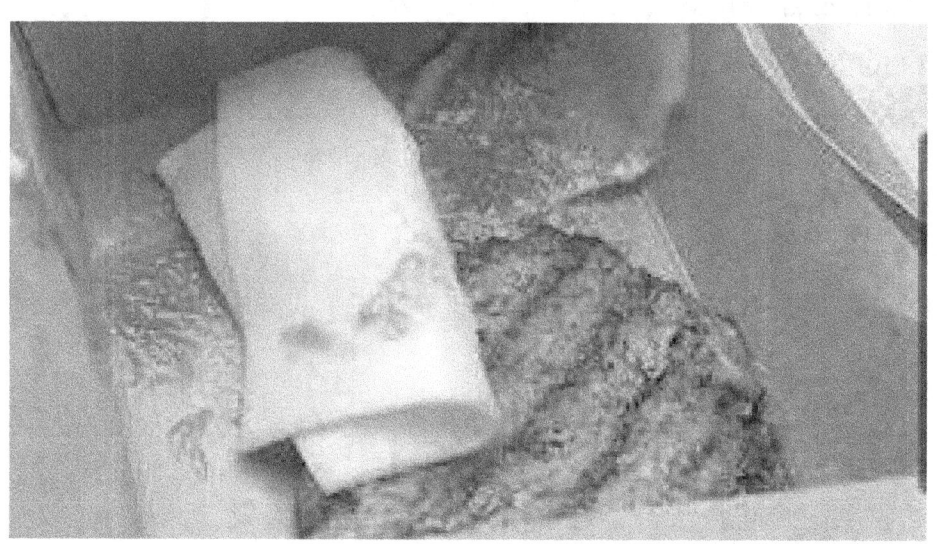

Costillas calientes

La carne es saludable, jugosa y sabrosa con Air Fryer, ¡solo intenta cocinar!

Tiempo de preparación: 10 minutos.
Tiempo de cocción: 35 minutos.
Porciones: 5

Ingredientes:

- 6 libras de costillas de res
- ½ cucharadita de canela
- 3 litros de Coca Cola Clásica
- 1/2 cucharadita de pimentón
- 1 taza de salsa de manzana
- 6 cucharadas de jugo de limón
- 2 tazas de azúcar morena
- ½ taza de salsa de tomate
- 1 cucharadita de sal
- 3 dientes de ajo

Direcciones:

1. Encienda Air Fryer y precaliente a 300oF.
2. Cubra las costillas con Coca-Cola y hierva en un recipiente aparte.
3. Mezcle el azúcar, los dientes de ajo, la sal, el jugo de limón, la compota de manzana, la canela y el pimentón.
4. Cubra la carne con salsa.
6. Hornee la carne en la Air Fryer durante 35 minutos.
7. ¡Sirve con salsa de tomate!

Nutrición:

- Calorías: 220
- Grasas: 16g
- Hidratos de Carbono: 10g
- Proteína: 17g

Sándwich de ternera italiano

Bollos suaves y crujientes con carne tierna de ternera y condimento italiano: ¡algo que gustará a todos!

Tiempo de preparación: 15 minutos.
Tiempo de cocción: 30 minutos.
Porciones: 4

Ingredientes:

- 3 libras de carne asada
- Rollos italianos
- 1 cucharada de sal
- 10 tazas de agua
- 6 dientes de ajo
- 11 hojas de tomillo
- 1 cucharada de pimienta
- 11 manantiales de orégano
- 1 cucharada de orégano
- 2 cucharaditas de hojuelas de pimiento rojo

Direcciones:

1. Encienda la Air Fryer y precaliente hasta 380oF.
2. Mezcle las hojuelas de pimienta, el orégano, la pimienta, el tomillo, los dientes de ajo y la sal.
3. Agregue agua y cubra la carne con hierbas.
4. Hornee la carne en la Air Fryer durante 25 minutos.
5. Coloque la carne en rollos italianos y hornee por 5 minutos más.
6. ¡Sirve con salsa picante!

Nutrición:

- Calorías: 530
- Grasas: 20g
- Hidratos de Carbono: 60g
- Proteína: 20g

Rollos de Cerdo Italiano con Queso

¡Pruebe la carne tradicional italiana con hierbas y condimentos!

Tiempo de preparación: 20 minutos.
Tiempo de cocción: 15 minutos.
Porciones: 4

Ingredientes:

- 4 dientes de ajo
- Sal al gusto
- Pimienta al gusto
- 1 chalota picada
- 4 onzas de queso provolone
- 2 cucharadas de perejil
- 4 onzas de prosciutto
- 1 cucharadita de albahaca
- 2 libras de filete de cerdo
- 2 cucharadas de aceite de oliva
- 4 brochetas

Direcciones:

1. Mezcle los dientes de ajo picados, la sal, la pimienta, el perejil, la albahaca y el aceite de oliva.
2. Encienda la Air Fryer y precaliente a 350oF.
3. Cubra los filetes con la marinada.
4. Coloque jamón y chalotes sobre los filetes.
5. Cubra los bistecs con queso.
6. Enrolle los bistecs.
7. Coloque los rollos en las brochetas.
9. Hornee los rollos en la Air Fryer durante 10 minutos.
10. ¡Sirve con queso cremoso!

Nutrición:

- Calorías: 180
- Grasas: 9g
- Hidratos de Carbono: 2g
- Proteína: 22g

Jagerschnitzel

Traditions German schnitzel: ¡un recibo antiguo y sabroso que te encantará!

Tiempo de preparación: 20 minutos
Tiempo de cocción: 20 minutos.
Porciones: 4

Ingredientes:

- ¾ taza de harina
- Pimienta
- Sal
- 1 cucharadita de ajo en polvo
- 1 taza de pan rallado
- 3 huevos
- 1 cucharada de aceite vegetal
- 1 ½ libras de chuletas de lomo de cerdo
- 1 cebolla
- ½ taza de vino tinto
- ½ libra de champiñones
- 2 tazas de caldo de res
- 2 cucharadas de harina

- ¼ taza de crema ligera
- 4 rebanadas de tocino
- 2 cucharadas de perejil italiano

Direcciones:

1. Encienda Air Fryer y precaliente a 300oF.
2. Coloque las tiras de tocino en la Air Fryer y hornee por 10 minutos. Dejar de lado.
3. Mezclar la harina, ½ de ajo en polvo, sal y pimienta.
4. Mezclar el pan rallado con sal y pimienta con ajo en polvo.
5. Batir los huevos con aceite.
6. Freír las cebollas y los champiñones picados en la sartén durante 5 minutos.
7. Cubra la carne de cerdo con vino tinto y perejil. Dejar macerar durante 20 minutos.
8. Cubra la carne de cerdo con la mezcla de harina.
9. Cubra la carne de cerdo con la mezcla de huevo.
11. Cubra la carne de cerdo con pan rallado.
12. Hornee la carne de cerdo en la Air Fryer durante 20 minutos.
13. ¡Sirve con crema ligera!

Nutrición:

- Calorías: 158
- Grasas: 8g
- Hidratos de Carbono: 1g
- Proteína: 21g

Cordero Kofta

Los platos iraníes son picantes, extra deliciosos y llenos de vitaminas, ¡solo prueba la carne de cordero con hierbas súper picantes!

Tiempo de preparación: 20 minutos.

Tiempo de cocción: 40 minutos.

Porciones: 9

Ingredientes:
- 28 oz de cordero
- 1 ají rojo
- Cebolla
- 0.88 oz de menta picada
- 5.3 oz de queso feta
- 0,88 oz de perejil
- 5 dientes de ajo
- 1,76 oz de grosellas
- 2.1 oz de nueces
- 1 cucharadita de canela en polvo
- Huevo
- 1 cucharadita de pimienta gorda molida
- Aceite de oliva
- 1 cucharadita de nuez moscada

- 20 hojas de pasta filo
- 1 cucharadita de pimienta
- 1 cucharadita de sal
- 1 cucharada de perejil
- 1/3 taza de tahini
- 1 cucharada de jugo de limón
- 5 dientes de ajo

Direcciones:

1. Encienda la Air Fryer y precaliente a 400oF.
2. Mezcle los dientes de ajo, el jugo de limón, el tahini, el perejil, la sal, la pimienta, la nuez moscada, el aceite de oliva, la pimienta de Jamaica, la canela, las nueces, las grosellas, el queso feta, la menta, la cebolla picada y el ají.
3. Cubra la carne con la mezcla.
4. Rollo de masa.
5. Coloque la mezcla de cordero a lo largo de la masa y enrolle las salchichas.
6. Hacer un círculo de la salchicha pastelera.
7. Cubre la salchicha con el huevo.
8. Hornee el kofta en la Air Fryer durante 35 minutos.
9. Sirve con salsa de queso.

Nutrición:

- Calorías: 207

- Grasas: 13g
- Hidratos de Carbono: 4g
- Proteína: 17g

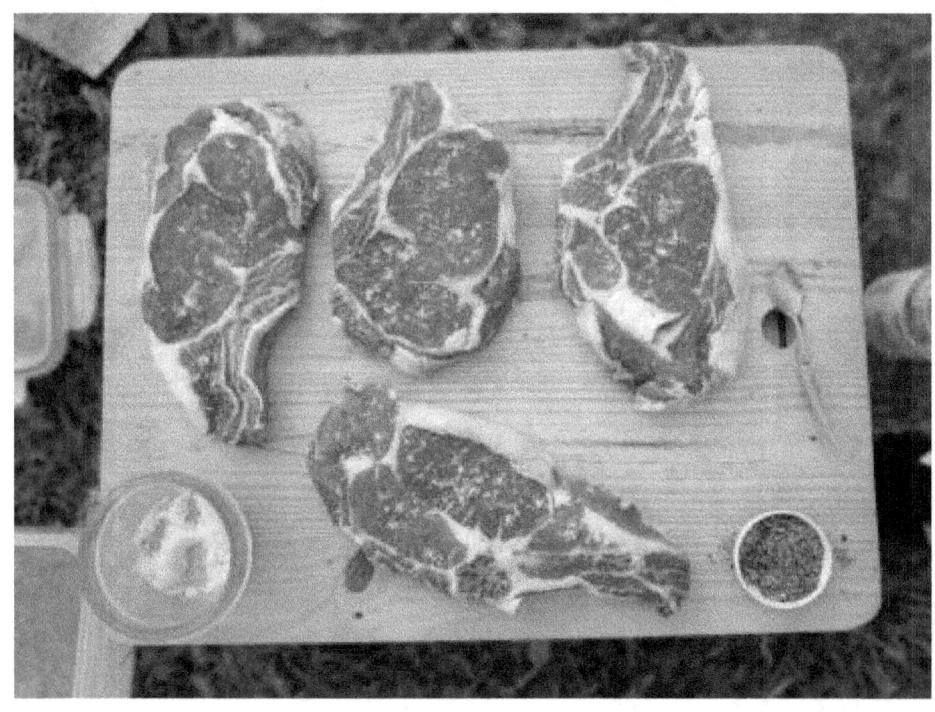

Pastel de Cordero con Romero

¡Pruebe las comidas suaves de cordero cubiertas con masa crujiente!

Tiempo de preparación: 15 minutos.
Tiempo de cocción: 20 minutos.
Porciones: 16

Ingredientes:

- 2 cucharadas de aceite de oliva
- Semillas de amapola
- 1 cebolla
- Huevo
- 2 dientes de ajo
- 4 hojas de hojaldre
- 17.6 oz de cordero
- 1 cucharada de romero
- 1 cucharada de salsa en polvo
- ½ taza de guisantes
- 2 cucharaditas de salsa Worcestershire
- 1 cucharada de salsa barbacoa

Direcciones:

1. Encienda la Air Fryer y precaliente a 400oF.
2. Haz una carne picada.

3. Freír la carne picada con la cebolla picada en la sartén.
4. Mezcle salsa en polvo, salsas y otros ingredientes (excepto huevo).
5. Agrega la mezcla a la sartén y fríe durante 5 minutos.
6. Cortar láminas de hojaldre y rellenar con carne picada.
7. Enrollar el hojaldre y cubrir con huevo batido.
9. Hornee el hojaldre en la Air Fryer y cocine por 20 minutos.
10. Sirve con salsa picante.

Nutrición:

- Calorías: 456
- Grasas: 30g
- Hidratos de carbono: 24,7 g
- Proteína: 21g

Cordero con corteza de queso

¡Esta tarta de queso con cordero dulce asado puede ser un plato básico y adicional!

Tiempo de preparación: 20 minutos
Tiempo de cocción: 50 minutos.
Porciones: 6
Ingredientes:

- 2 cucharadas de aceite de oliva
- 3 hojas de laurel
- 2 libras de cordero
- 1 cucharada de salsa Worcestershire
- Mota de 12,3 oz
- 2 cucharadas de salsa de tomate
- 10.6 oz de champiñones
- 16.9 onzas líquidas de caldo de res
- 10 chalotes
- 2 cucharadas de harina
- 2 dientes de ajo
- 17.6 oz de papas
- 1.06 oz de mozzarella
- 1,76 oz de mantequilla

- 2 huevos
- 6,7 oz de harina
- 4.5 fl oz de leche
- 3.2 oz de polenta

Direcciones:

1. Encienda Air Fryer y precaliente hasta 360oF.
2. Freír la carne de cordero con aceite de oliva en la sartén durante 5 minutos.
3. Freír la mota y los champiñones durante 5 minutos en la sartén.
4. Cocine la chalota en la sartén durante 4 minutos.
5. Mezcle el ajo, la harina, el caldo, la pasta de tomate, la salsa Worcestershire, las hojas de laurel, la sal y la pimienta.
6. Cubra la carne con champiñones fritos, chalotes y salpique con la salsa.
7. Hornee la carne en la Air Fryer durante 20 minutos.
8. Hervir y triturar las patatas.
9. Mezclar el huevo con la leche y añadirlo a las patatas.
11. Agrega un poco de harina a las papas.
12. Cubra las papas con mozzarella y mezcle con la carne asada. Cocine durante 15 minutos en la Air Fryer.
13. Sirva con salsa picante y hierbas.

Nutrición:

- Calorías: 228
- Grasas: 8,3g
- Hidratos de Carbono: 23g
- Proteínas: 14,2 g

Pierna de cordero

La pierna de cordero puede ser suave y tierna, ¡prueba este recibo y asegúrate!

Tiempo de preparación: 15 minutos.
Tiempo de cocción: 40 minutos.
Porciones: 4

Ingredientes:

- 1 pierna de cordero
- 1 taza de vino blanco
- 1 taza de menta picada
- Pimienta al gusto
- 3 ramitas de romero
- ½ cucharadita de sal
- 6 dientes de ajo
- 2 cucharadas de aceite de coco

Direcciones:

1. Encienda la Air Fryer y precaliente hasta 380oF.
2. Mezclar sal, aceite de coco, dientes de ajo, romero, pimienta, menta y vino blanco.
3. Calentar esta mezcla en la sartén.
4. Cubra la pierna de cordero con la mezcla.
5. Hornee la pierna de cordero en la Air Fryer durante 40 minutos.
6. ¡Sirve con hierbas frescas!

Nutrición:

- Calorías: 344
- Grasas: 19g
- Carbohidratos: 0g
- Proteínas: 43g

Pastel de Carne al Estilo Griego con Espinacas y Feta

¡La cocina tradicional griega traerá celebración a los días de semana!

Tiempo de preparación: 15 minutos.
Tiempo de cocción: 40 minutos.
Porciones: 5

Ingredientes:

- 1 cucharadita de aceite de oliva
- ½ cucharadita de tomillo
- 2 dientes de ajo
- ½ cucharadita de perejil
- 4 tazas de espinaca
- ½ cucharadita de orégano
- 1 libra de carne de res
- Huevo
- ½ taza de queso feta
- 1/3 taza de pan rallado
- 1/3 taza de pimientos rojos
- ¼ de taza de cebolla
- ¼ de cucharadita de sal

- ¼ taza de nueces
- ¼ de cucharadita de pimienta
- ¼ de taza de salsa de tomate
- 1 cucharadita de salsa Worcestershire

Direcciones:

1. Encienda la Air Fryer y precaliente a 400oF.
2. Mezclar el aceite con el ajo y las espinacas. Freír en la sartén.
3. Mezcle todos los ingredientes.
4. Forme una barra de la mezcla.
6. Cubre la hogaza con la salsa de tomate.
7. Hornee el pan en la freidora durante 40 minutos.
8. Sirve con queso.

Nutrición:

- Calorías: 310
- Grasas: 12g
- Hidratos de Carbono: 27g
- Proteína: 22g

Quesadilla mediterránea

Esta tarta mediterránea con deliciosa carne, queso y deliciosas verduras te recordará las vacaciones y el mar, ¡solo pruébalo!

Tiempo de preparación: 15 minutos
Tiempo de cocción: 20 minutos.
Porciones: 1

Ingredientes:

- ¼ de calabacín
- Hierbas italianas
- 2 aros de cebolla
- ¼ taza de mozzarella
- ¼ de pimiento rojo
- 25 pechuga de pavo
- 1/8 taza de champiñones
- 2 tacos
- 1 cucharadita de ajo en polvo
- Hierbas al gusto
- Sal al gusto

Direcciones:

1. Encienda la Air Fryer y precaliente a 340oF.
2. Mezcle ajo en polvo, champiñones, sal, pimiento, calabacín, aros de cebolla y hierbas italianas.
3. Agregue mozzarella, pechuga de pavo y hierbas a la mezcla.
4. Coloque la mezcla sobre los tacos.
5. Cocine los tacos en la Air Fryer durante 20 minutos.
6. Sirve con queso tierno.

Nutrición:

- Calorías: 266
- Grasas: 8g
- Hidratos de Carbono: 26g
- Proteína: 23g

Cerdo Mexicano con Arroz

¿Estás listo para la cocina tradicional mexicana picante y picante?

Tiempo de preparación: 10 minutos
Tiempo de cocción: 30 minutos.
Porciones: 4

Ingredientes:

- 2 lomo de cerdo asado
- 1 jugo de lima
- Sal al gusto
- Pimienta al gusto
- ½ taza de hojas de cilantro
- 1 cucharadita de ajo en polvo
- 1 ½ tazas de arroz blanco
- 2 cucharadas de aceite de oliva
- 1 lata de salsa de tomate
- 2 cebollas
- 2 tazas de caldo de pollo
- 3 dientes de ajo
- ½ cucharadita de orégano
- 1 cucharadita de chile chipotle

- 1 cucharadita de hojas de tomillo

Direcciones:

1. Encienda la Air Fryer y precaliente a 350oF.
2. Cubra la carne de cerdo con sal, pimienta y ajo en polvo.
3. Vierta aceite de oliva en la sartén. Freír la carne de cerdo durante 10 minutos y transferir a la Air Fryer.
4. Picar la cebolla y mezclar con el ajo, el chipotle, el orégano, la salsa de tomate.
5. Rebozar la carne de cerdo con la marinada y dejar macerar durante 15 minutos.
6. Cocine la carne de cerdo en la Air Fryer durante 25 minutos.
7. Cocine el arroz blanco en el bol con caldo de pollo, cilantro y jugo de limón.
8. ¡Sirve cerdo con arroz!

Nutrición:

- Calorías: 370
- Grasas: 10g
- Hidratos de Carbono: 35g
- Proteínas: 31g

Asado de coque de Mississippi

¡Pruebe la carne marinada en coca cola con un sabor dulce y tierno para la cena!

Tiempo de preparación: 10 minutos.
Tiempo de cocción: 20 minutos.
Porciones: 4

Ingredientes:

- 3 libras de asado
- 4 cucharadas de mantequilla
- 2 cucharadas de aceite
- 5 pimientos pepperoncini
- 1 paquete de polvo de aderezo
- 1 taza de cola
- 1 paquete de mezcla de salsa Au Jus
- 2 cucharadas de leche
- 2 cucharadas de maicena

Direcciones:

1. Encienda la Air Fryer y precaliente hasta 380oF.

2. Cubra la carne con mantequilla derretida, coca cola, leche y aderezo en polvo.
3. Mezcle los otros ingredientes con los pimientos pepperoncini picados.
4. Coloque la carne en la Air Fryer y cocine durante 10 minutos.
5. Agregue la salsa de pepperoncini a la Air Fryer y cocine por 10 minutos más.
6. ¡Sirve con hojas frescas de albahaca!

Nutrición:

- Calorías: 300
- Grasas: 17g
- Carbohidratos: 3g
- Proteína: 32g

Carne de res al estilo mongol

Pruebe la auténtica cocina mongol hoy, ¡fresca y llena de vitaminas!

Tiempo de preparación: 15 minutos.
Tiempo de cocción: 45 minutos.
Porciones: 5

Ingredientes:

- 1 ½ libra de carne de res
- 3 cebollas
- ¼ taza de maicena
- ½ taza de zanahorias
- 2 cucharadas de aceite de oliva
- ¾ taza de azúcar morena
- ½ cucharadita de ajo
- ¾ taza de agua
- 2 dientes de ajo
- ¾ taza de salsa de soja

Direcciones:

1. Encienda Air Fryer y precaliente hasta 390oF.
2. Cubra la carne picada con maicena.
3. Mezcle zanahorias lavadas y picadas con cebolla, agregue a la mezcla de carne.
4. Cubra la mezcla de carne con la salsa de soja, los dientes de ajo, el ajo y el aceite de oliva.
5. Derretir el azúcar en agua.
6. Cubra la carne con azúcar derretida.
7. Hornee la carne en la Air Fryer durante 45 minutos.
8. Sirve con verduras asadas.

Nutrición:

- Calorías: 280
- Grasas: 7g
- Hidratos de Carbono: 27g
- Proteínas: 26g

Carne de cerdo Moo Shu

¿Alguna vez has probado el recibo de cerdo chino? ¡Es hora de hacer eso!

Tiempo de preparación: 15 minutos.
Tiempo de cocción: 20 minutos.
Porciones: 4

Ingredientes:

- 1 libra de lomo de cerdo
- 3 cucharadas de vinagre de vino
- 1 cucharada de maicena
- 3 cucharadas de salsa de soja
- 1 cucharadita de azúcar morena
- ½ taza de cebollas
- 1 cucharadita de jengibre
- 1 cucharada de aceite de sésamo
- 1 taza de salsa hoisin
- 1 cucharada de aceite de sésamo
- 1 taza de chalotas de bambú
- Salsa de ciruela
- 3 tazas de champiñones picados

- Tortitas de arroz
- 1 bolsa de brócoli

Direcciones:

1. Encienda Air Fryer y precaliente hasta 360oF.
2. Corta la carne de cerdo en cubos.
3. Cubra la carne de cerdo con maicena.
4. Mezcle la salsa de soja, el jengibre, el vinagre de vino, la salsa hoisin, el azúcar morena y el ajo.
5. Añadir la mezcla a la carne de cerdo y dejar marinar.
6. Corta cebollas. Mezclar con brotes de bambú, champiñones y brócoli.
7. Hornee la carne de cerdo en la Air Fryer durante 10 minutos. Agregue las cebollas con otras verduras y hornee por 10 minutos más.
9. Coloque la mezcla de cerdo sobre los panqueques de arroz.
10. ¡Sirve con hierbas frescas!

Nutrición:

- Calorías: 231
- Grasas: 9g
- Hidratos de Carbono: 27g
- Proteína: 11g

Chuletas de cerdo con piña

Carne tierna con jugo de piña dulce: ¡sabe a paraíso en el plato!

Tiempo de preparación: 10 minutos.
Tiempo de cocción: 15 minutos.
Porciones: 4

Ingredientes:

- 4 chuletas de cerdo
- ¼ de taza de jugo de piña
- 8 rodajas de piña
- ¼ de taza de ron
- ¼ taza de mantequilla
- 1 cucharada de azúcar morena

Direcciones:

1. Encienda la Air Fryer y precaliente a 340oF.
2. Mezcle la mantequilla, el ron negro, el azúcar y el jugo de piña.
3. Cubra las chuletas de cerdo con la marinada.
4. Coloque la piña sobre las chuletas de cerdo y hornee en la Air Fryer durante 15 minutos.
5. ¡Sirve con salsa de frutos rojos!

Nutrición:

- Calorías: 207
- Grasas: 10g
- Hidratos de Carbono: 15g
- Proteína: 14g

Vientre de cerdo al estilo chino

La cocina asiática es famosa por las hierbas y las especias: ¡pruebe la carne de cerdo de verdad!

Tiempo de preparación: 15 minutos
Tiempo de cocción: 25 minutos.
Porciones: 7

Ingredientes:

- 2 ½ libras de panceta de cerdo
- 4 cucharaditas de pimienta
- 1 cucharada de vino Shaoxing
- 1 cucharadita de polvo picante
- Sal al gusto
- 4 cucharaditas de azúcar

Direcciones:

1. Encienda la Air Fryer y precaliente hasta 380oF.
2. Cubra la carne de cerdo con pimienta, polvo, sal, azúcar y vino.
3. Deje marinar la carne durante 15 minutos.
4. Coloque la carne en la Air Fryer y hornee por 25 minutos.

5. ¡Sirve con salsa picante!

Nutrición:

- Calorías: 303
- Grasas: 21,6g
- Hidratos de Carbono: 75g
- Proteína: 22g

Chuletas de cerdo en la freidora

Carne de cerdo blanda y tierna: ¡verdadera fuente de energía y vitaminas!

Tiempo de preparación: 10 minutos.
Tiempo de cocción: 20 minutos.
Porciones: 4

Ingredientes:

- 4 chuletas de lomo de cerdo
- ¼ de cucharadita de pimienta de cayena
- ½ taza de mostaza de Dijon
- ½ cucharadita de pimienta
- 1 taza de migas italianas
- ½ cucharadita de sal

Direcciones:

1. Encienda la Air Fryer y precaliente a 350oF.
2. Cubrir la carne de cerdo con la mostaza y dejar reposar varios minutos.
3. Mezcle el pan rallado con sal, pimienta y pimienta de cayena.
4. Cubra la carne de cerdo con el condimento.
6. Coloque la carne de cerdo en la Air Fryer y cocine durante 15 minutos.
7. ¡Sirve con salsa picante!

Nutrición:

- Calorías: 236
- Grasas: 15g
- Hidratos de Carbono: 9g
- Proteína: 15g

Chuletas de cerdo con parmesano

Carne de cerdo tierna y satisfactoria con queso fundido y hierbas: ¡cena ligera y extra deliciosa!

Tiempo de preparación: 10 minutos
Tiempo de cocción: 20 minutos.
Porciones: 4

Ingredientes:

- 4 chuletas de cerdo
- ¼ de cucharadita de pimienta
- ½ taza de parmesano
- 2 cucharadas de aceite de oliva
- 3 cucharadas de pan rallado
- ½ cucharadita de ajo en polvo
- ½ cucharadita de pimentón
- 1 cucharadita de perejil

Direcciones:

1. Encienda Air Fryer y precaliente hasta 360oF.
2. Mezclar todos los ingredientes excepto el aceite de oliva y el cerdo.
3. Cubra la carne con aceite de oliva.
4. Cubra la carne con la mezcla de hierbas.
5. Coloque la carne en la Air Fryer y cocine durante 20 minutos.
6. Sirve con salsa de frutos rojos.

Nutrición:

- Calorías: 234
- Grasas: 7,6 g
- Hidratos de carbono: 10,2 g
- Proteína: 30g

Perritos calientes de cerdo

Rápido, delicioso y sabroso: ¡cocine platos saludables con Air Fryer!

Tiempo de preparación: 3 minutos.
Tiempo de cocción: 10 minutos.
Porciones: 2

Ingredientes:

- 6 lonchas de jamón
- 2 cucharadas de queso
- 2 bollos de hot dog

Direcciones:

1. Encienda Air Fryer y precaliente hasta 390oF.
2. Coloque el jamón en la Air Fryer y cocine por 5 minutos.
3. Ponga jamón en los panecillos para perros calientes. Cubrir con queso.
4. Hornee las salchichas durante 5 minutos más.
5. Sirva salchichas con mayonesa y salsa de tomate.

Nutrición:

- Calorías: 150
- Grasas: 13g
- Hidratos de Carbono: 2g
- Proteína: 5g

Lomo De Cerdo Con Mostaza

Salsa cremosa de mostaza picante sobre el suave y tierno lomo de cerdo: ¡plato perfecto para los amantes de la carne!

Tiempo de preparación: 10 minutos
Tiempo de cocción: 20 minutos.
Porciones: 5

Ingredientes:

- 1 cucharada de mantequilla derretida
- 4 chalotes
- 1 cucharada de aceite de oliva
- 1/3 taza de crema espesa
- 2 ½ libras de lomo de cerdo
- ½ cucharadita de pimienta
- ¼ de taza de vino blanco
- 1 cucharadita de eneldo seco
- ½ taza de caldo de pollo

Direcciones:

1. Encienda la Air Fryer y precaliente a 350oF.
2. Mantequilla derretida.
3. Cubra el lomo de cerdo con la mantequilla.
4. Cubrir las chalotas con el vino y freír durante 5 minutos en la sartén.
6. Mezcle el caldo de pollo, la mostaza, el eneldo, el aceite y la pimienta negra.
7. Cubra la carne de cerdo con la mezcla de mostaza.
8. Mezcle la carne de cerdo con la chalota y colóquela en la freidora.
9. Hornee la carne de cerdo con chalotas en la Air Fryer durante 20 minutos.
10. ¡Sirve con crema espesa!

Nutrición:

- Calorías: 250
- Grasas: 15g
- Hidratos de Carbono: 20g
- Proteína: 20g

Cerdo en Salsa de Soja

Receta asiática real: ¡platos saludables y deliciosos son fáciles de cocinar en Air Fryer!

Tiempo de preparación: 10 minutos
Tiempo de cocción: 30 minutos.
Porciones: 6

Ingredientes:

- 2 cucharadas de aceite de oliva
- 4 huevos duros
- 6 dientes de ajo
- ½ cucharadita de sal
- 1 cucharadita de granos de pimienta
- 2 cucharaditas de azúcar
- 1 1/2 libras de costillas de cerdo
- 3 cucharadas de salsa de soja

Direcciones:

1. Vierta aceite de oliva en la sartén.
2. Freír los dientes de ajo, los granos de pimienta, la salsa de soja y la sal en la sartén.
3. Cubra las costillas de cerdo con azúcar y adobo caliente.
4. Hervir los huevos.
5. Coloque los huevos duros con carne en la Air Fryer y cocine durante 20 minutos.
6. ¡Sirve con salsa picante!

Nutrición:

- Calorías: 440
- Grasas: 13g
- Hidratos de Carbono: 43g
- Proteína: 14g

Potstickers de cerdo

Masa tierna con carne de cerdo caliente: ¡almuerzo fácil y delicioso para usted!

Tiempo de preparación: 15 minutos.
Tiempo de cocción: 15 minutos.
Porciones: 25

Ingredientes:

- 1 libra de cerdo
- Salsa de soja al gusto
- ½ taza de repollo
- 3 cucharaditas de aceite de oliva
- 2 dientes de ajo
- Envoltorios de 25 wones
- ½ cucharadita de pimienta
- ½ cucharadita de jengibre
- ½ cucharadita de Sriracha
- 1 cucharadita de aceite de sésamo

Direcciones:

1. Encienda la Air Fryer y precaliente a 340oF.
2. Picar carne de cerdo.
3. Derretir el azúcar con aceite de oliva y aceite de sésamo en la sartén.
4. Mezcle la sriracha, el jengibre, la pimienta, los dientes de ajo y el repollo con salsa de soja.
5. Cubra la carne de cerdo con la marinada.
6. Prepare envoltorios de won ton.
7. Rellena con la mezcla de carne.
8. Enrolle los bordes de los envoltorios de won ton y cúbralos con adobo de aceite caliente.
9. Hornee envoltorios de won ton en la Air Fryer durante 15 minutos.
10. Sirve con las verduras asadas.

Nutrición:

- Calorías: 280
- Grasas: 8g
- Hidratos de Carbono: 38g
- Proteína: 12g

Bocaditos de cerdo con manzana

Manzana fresca con tierna carne de cerdo: ¡un sabor muy interesante para esta cena!

Tiempo de preparación: 15 minutos.
Tiempo de cocción: 25 minutos.
Porciones: 13

Ingredientes:

- 15.9 oz de salchichas de carne
- 1 huevo
- 3.5 oz de cebolla
- 2 cucharaditas de salvia seca
- 2 cucharadas de almendras
- ½ cucharadita de pimienta
- 3,5 oz de manzana
- ½ cucharadita de sal

Direcciones:

1. Encienda la Air Fryer y precaliente a 350oF.
2. Mezcle las cebollas picadas, las almendras, las manzanas peladas y en rodajas, la pimienta y la sal.
3. Mezcle las salchichas con la mezcla de almendras en la bolsa con cierre.
4. Deje marinar la carne durante 15 minutos.
5. Formar chuletas de la carne de la salchicha.
6. Hornee las chuletas en la Air Fryer durante 25 minutos.
8. Sirva con cremas espesas.

Nutrición:

- Calorías: 197
- Grasas: 8.8g
- Hidratos de carbono: 17,3 g
- Proteína: 9,4 g

Schnitzel de cerdo

La cocina nacional checa es muy deliciosa y satisfactoria, ¡algo que encontrará muy sabroso!

Tiempo de preparación: 20 minutos
Tiempo de cocción: 15 minutos.
Porciones: 5

Ingredientes:

- 2 libras de chuletas de cerdo
- Rodajas de limón
- ½ chuletas gruesas
- Aceite de oliva
- 1/3 taza de harina
- 2 tazas de pan rallado
- 1 cucharada de sal de ajo
- 3 huevos
- ½ cucharadita de pimentón
- ½ cucharadita de pimienta

Direcciones:

1. Encienda Air Fryer y precaliente hasta 360oF.
2. Licue las chuletas de cerdo y mézclelas con las chuletas finas.
3. Haga una mezcla de harina, pimienta, pimentón y sal en el primer plato.
4. Coloque los huevos batidos en el segundo plato.
5. Coloque el pan rallado en el tercer plato.
6. Cubra las chuletas con la mezcla de harina, cubra con huevos y coloque las chuletas en el pan rallado.
7. Cocine la carne de cerdo en la Air Fryer durante 15 minutos.
9. ¡Sirve con salsa picante de bayas!

Nutrición:

- Calorías: 300
- Grasas: 15g
- Hidratos de Carbono: 23g
- Proteína: 18g

Sándwich de solomillo de cerdo

¡Almuerzo fácil, saludable y satisfactorio con crujientes rebanadas de cerdo!

Tiempo de preparación: 10 minutos
Tiempo de cocción: 10 minutos.
Porciones: 3

Ingredientes:

- ¼ de aceite de canola
- 4 bollos
- 1 taza de harina
- Sal al gusto
- 1 taza de maicena
- 3 chuletas de lomo de cerdo
- 2 cucharaditas de sal de Lawry
- 1 taza de panko
- 1 cucharadita de pimienta
- 1 taza de galletas de pollo
- 2 huevos
- 3 cucharadas de leche

Direcciones:

1. Encienda la freidora y precaliente a 350oF.
2. Mezcle la harina, la maicena, la pimienta y la sal.
3. Mezcle las galletas de pollo con panko.
4. Licúa la leche con los huevos.
5. Prepare los filetes y cúbralos con aceite. Coloque en la mezcla de harina.
6. Cubra los filetes con la leche y los huevos.
7. Cubra los filetes con la mezcla para panko.
8. Hornee los bistecs en la Air Fryer durante 10 minutos.
10. Coloque los filetes en los bollos y hornee por 6 minutos más.
11. ¡Sirve con cebolla!

Nutrición:

- Calorías: 353
- Grasas: 14g
- Hidratos de Carbono: 33g
- Proteína: 32g

Pizza de Hongos Portobello con Jamón

¡Las pizzas italianas pequeñas y fáciles de cocinar te darán energía para todo el día!

Tiempo de preparación: 15 minutos
Tiempo de cocción: 10 minutos.
Porciones: 4

Ingredientes:

- 4 hongos portabella
- Hojas de albahaca
- Vinagre balsámico al gusto
- 6 lonchas de jamón
- Sal al gusto
- Pimienta al gusto
- 1 cucharadita de albahaca
- 4 cucharadas de salsa para pasta
- 4 aceitunas
- 1 diente de ajo
- 3 cucharadas de pimiento rojo picado
- 3 onzas de calabacín

Direcciones:

1. Encienda la Air Fryer y precaliente hasta 330oF.
2. Lavar y limpiar los hongos portabella.
3. Freír los champiñones al aire durante 3 minutos.
4. Mezclar calabacín, pimientos y aceitunas.
5. Agregue pimienta, sal y albahaca a la mezcla de calabacín.
6. Rellena los champiñones con la mezcla de calabacín.
7. Hornee por 2 minutos más.
8. Cortar el jamón en tiras pequeñas. Mezcle el jamón con los ingredientes recordados.
9. Agregue a los champiñones y hornee por 5 minutos más.
10. Sirva con hierbas frescas.

Nutrición:

- Calorías: 110
- Grasas: 5g
- Hidratos de Carbono: 8g
- Proteína: 10g

Carne de cerdo desmenuzada con rollos de gouda ahumado

¡Este plato de Portugal no te dejará indiferente!

Tiempo de preparación: 30 minutos.
Tiempo de cocción: 60 minutos.
Porciones: 24

Ingredientes:

- 3 cucharadas de pimentón
- 3 ½ libras de paleta de cerdo
- 1 cucharada de sal
- 1 cebolla
- 2 cucharadas de pimienta
- ¼ taza de vinagre de sidra
- ½ cucharadita de pimiento rojo
- ¼ taza de sidra de manzana
- 1 cucharadita de ajo en polvo
- ½ taza de miel
- ½ cucharadita de cebolla en polvo
- 1 cucharadita de perejil
- 2 tazas de queso Gouda ahumado

- Aderezo de aguacate
- 24 envoltorios de rollos de huevo
- 1 cucharada de agua
- Huevo

Direcciones:

1. Mezclar pimentón, sal, pimienta, pimiento rojo, ajo en polvo, cebolla en polvo, perejil y miel. Cubrir la carne de cerdo con la marinada y dejar reposar durante varios minutos.
2. Mezcle las cebollas picadas con la sidra de manzana, el vinagre de sidra y fría en la Air Fryer durante 5 minutos.
3. Mezcle las cebollas con la carne de cerdo y cocine en la Air Fryer durante 30 minutos.
4. Mezcle los huevos batidos con Gouda y colóquelos en el medio de las envolturas de los rollos de huevo.
5. Agregue la carne de cerdo desmenuzada al rollo.
7. Cerrar los envoltorios y cubrir con el huevo batido.
8. Hornee los rollos en la Air Fryer durante 10 minutos.
9. Sirve con aderezo de aguacate.

Nutrición:

- Calorías: 283
- Grasas: 18,2g
- Hidratos de Carbono: 2g
- Proteínas: 26g

Pollo con Pasta de Gambas

¡Mezcle aves de corral con pasta de mariscos y obtenga tantas vitaminas como sea posible!

Tiempo de preparación: 10 minutos.
Tiempo de cocción: 20 minutos.
Porciones: 2

Ingredientes:

- 8 alitas de pollo
- ½ cucharadita de azúcar
- 2 cucharadas de harina de maíz
- ½ cucharada de vino
- 1 cucharada de pasta de camarones
- 1 cucharadita de jengibre
- 1 cucharadita de aceite de oliva

Direcciones:

1. Encienda Air Fryer y precaliente hasta 360oF.
2. Lavar y cortar las alitas de pollo.
3. Mezclar aceite de oliva, jengibre, vino y azúcar.
4. Cubra las alitas de pollo con la marinada.
5. Cubra el pollo con harina.

6. Cubra el pollo con la pasta.
7. Hornee el pollo en la Air Fryer durante 20 minutos.
8. ¡Sirve con salsa de queso!

Nutrición:

- Calorías: 110
- Grasas: 5g
- Hidratos de Carbono: 7g
- Proteína: 7g

Sándwich de pollo con chick-fil

¡Un sándwich de pollo simple y extra delicioso es fácil de cocinar en Air Fryer!

Tiempo de preparación: 10 minutos.
Tiempo de cocción: 15 minutos.
Porciones: 2

Ingredientes:

- 2 pechugas de pollo deshuesadas
- ¼ de cucharadita de pimienta de cayena
- ½ taza de jugo de pepinillo
- 8 chips de pepinillos
- 2 huevos
- 4 bollos de hamburguesa
- ½ taza de leche
- 1 señor de aceite
- 1 taza de harina
- 1 cucharada de aceite de oliva
- 2 cucharadas de azúcar en polvo
- ¼ de cucharadita de semillas de apio

- 1 cucharadita de pimentón
- ½ cucharadita de ajo en polvo
- 1 cucharadita de sal
- ½ cucharadita de pimienta
- Mayonesa al gusto

Direcciones:

1. Encienda la Air Fryer y precaliente a 340oF.
2. Lavar y cortar el pollo en rodajas.
3. Mezcle el pollo con jugo de pepinillos.
4. Mezclar el huevo con la leche.
5. Mezcle la harina con todas las demás especias y hierbas.
6. Cubra el pollo con la mezcla de hierbas.
7. Cubra el pollo con huevos y aceite.
8. Coloque mayonesa sobre los panecillos tostados.
9. Hornee el pollo durante 15 minutos en la Air Fryer.
10. ¡Coloque el pollo en los bollos y sirva!

Nutrición:

- Calorías: 310
- Grasas: 6g
- Hidratos de Carbono: 36g
- Proteínas: 29g

pollo de coco

¡La carne dulce y tierna con coco y hierbas frescas será una cena fácil y saludable!

Tiempo de preparación: 20 minutos
Tiempo de cocción: 20 minutos.
Porciones: 4

Ingredientes:

- 3 pechugas de pollo
- Petróleo
- 3 tazas de hojuelas de coco
- 3 huevos
- ½ taza de maicena
- Sal al gusto
- 1 cucharadita de pimienta de cayena
- Pimienta al gusto

Direcciones:

1. Encienda la Air Fryer y precaliente a 350oF.
2. Haga una mezcla de sal, maicena, pimienta de cayena y pimienta.
3. Haz una mezcla de huevos con hojuelas de coco.
4. Lavar y cortar la carne de pollo.
5. Cubra el pollo con la mezcla de pimientos.
6. Coloque el pollo en la mezcla de huevo.
7. Cubra el pollo con aceite y colóquelo en la Air Fryer.
8. Cocine las rodajas de pollo durante 20 minutos.
9. Sirve con salsa picante.

Nutrición:

- Calorías: 421
- Grasas: 26,6g
- Hidratos de carbono: 11,2 g
- Proteínas: 36,1 g

Pollo al coco con miel picante de naranja

Lleno de sabor y vitaminas: ¡este pollo sabe a paraíso!

Tiempo de preparación: 30 minutos.
Tiempo de cocción: 30 minutos.
Porciones: 4

Ingredientes:

- 1 ½ libra de pechugas de pollo
- Perejil al gusto
- 1 taza de coco
- ¼ taza de aceite de coco
- ¾ taza de pan rallado
- 2 huevos
- ½ taza de harina
- ½ cucharadita de pimienta
- Sal al gusto
- ½ taza de mermelada de naranja
- 1 cucharadita de hojuelas de pimiento rojo
- ¼ de taza de miel
- 3 cucharadas de mostaza de Dijon

Direcciones:

1. Encienda la Air Fryer y precaliéntela a 400oF.
2. Lavar y cortar el pollo en rodajas.
3. Licuar el coco con el pan rallado, la harina, la sal, el perejil, la pimienta.
4. Coloque los huevos en el plato libre.
5. Calentar el aceite de coco en la sartén.
6. Cubra el pollo con la mezcla de huevo, luego con harina y panko.
7. Hornee el pollo en la Air Fryer durante 15 minutos.
8. Mezclar miel con mermelada, mostaza y hojuelas de pimienta.
9. Cubra el pollo con la mezcla de mermelada y cocine por 5 minutos más.
10. ¡Sirve con hierbas frescas!

Nutrición:

- Calorías: 246
- Grasas: 6.5g
- Hidratos de carbono: 21,4 g
- Proteínas: 25,4 g

Pollo al curry de coco

¡Las rebanadas de pollo extra calientes con salsa cremosa y suave te inspirarán!

Tiempo de preparación: 20 minutos
Tiempo de cocción: 50 minutos.
Porciones: 6

Ingredientes:

- 2 libras de pechugas de pollo
- 3 cucharadas de azucar
- Sal al gusto
- 1 lata de salsa de tomate
- Pimienta al gusto
- 1 lata de tomate cortado en cubitos
- 1 ½ cucharada de aceite de oliva
- 1 lata de leche de coco
- 2 cucharaditas de curry en polvo
- 2 dientes de ajo
- ½ cebolla

Direcciones:

1. Encienda Air Fryer y precaliente hasta 360oF.
2. Lave el pollo y cúbralo con sal y pimienta.
3. Mezclar el curry en polvo con aceite y calentar en la sartén.
4. Coloque la cebolla y el ajo en la sartén y cocine por 2 minutos más.
5. Mezcle la leche de coco, los tomates cortados en cubitos, la salsa de tomate y el azúcar.
6. Cubra la carne de pollo con la mezcla de cebolla.
7. Coloque la carne de pollo en la Air Fryer y vierta la mezcla de tomate encima.
8. Cocine el pollo en la Air Fryer durante 40 minutos.
9. Sirva con hojas frescas de albahaca.

Nutrición:

- Calorías: 421
- Grasas: 26,6g
- Hidratos de carbono: 11,2 g
- Proteínas: 36,1 g

Pollo Cordon Blue

¡Carne de pollo dulce con queso tierno y verduras frescas!

Tiempo de preparación: 25 minutos
Tiempo de cocción: 25 minutos.
Porciones: 6

Ingredientes:

- 3 pechugas de pollo
- 1/2 libra de queso suizo
- 12 lonchas de jamón deli
- 2 cucharadas de mantequilla
- 1 taza de pan rallado
- ½ taza de parmesano
- 2 cucharadas de mantequilla
- ½ cucharadita de salsa Worcestershire
- 1 taza de leche
- 2 cucharadas de harina
- 1 cucharadita de caldo
- 1,2 cucharadita de sal
- 1 cucharada de mostaza de Dijon

Direcciones:

1. Encienda la Air Fryer y precaliente a 350oF.
2. Mezcle el pan rallado con la mantequilla derretida.
3. Lavar y cortar el pollo.
4. Cubre cada rebanada de pollo con 2 rebanadas de jamón y queso suizo. Ponga encima el pan rallado.
5. Cocine el pollo durante 35 minutos en la Air Fryer.
6. Derretir 2 cucharadas de mantequilla y harina. Agrega las salsas, la mostaza y el parmesano.
7. Coloque la mezcla de parmesano sobre el pollo y cocine por 5 minutos más.
8. ¡Sirve con cordon blue!

Nutrición:

- Calorías: 260
- Grasas: 9g
- Hidratos de Carbono: 20g
- Proteína: 24g

Molinillos De Pollo Con Queso Crema

Molinillos de pollo bonitos y fáciles de cocinar, ¡es exactamente lo que necesitas hoy!

Tiempo de preparación: 15 minutos.
Tiempo de cocción: 40 minutos.
Porciones: 4

Ingredientes:

- 3 pechugas de pollo
- Sal al gusto
- Pimienta al gusto
- 1 cucharada de condimento criollo
- 1 taza de leche
- 200 g de queso crema
- 1 lata de sopa de pollo
- 2 cucharadas de mantequilla derretida
- 2 cebollas picadas
- 1 ½ taza de queso jack
- 2 cucharadas de pimiento morrón

Direcciones:

1. Encienda la Air Fryer y precaliente a 350oF.
2. Lava el pollo.
3. Mezcle la sopa de pollo, la leche, el queso y hierva.
4. Corte las pechugas de pollo en rodajas y cúbralas con la mezcla de queso enrollado.
5. Mezcle el queso crema, la mantequilla derretida, el pimiento morrón y el queso rallado con una batidora de mano.
6. Agregue cebolla a la mezcla de queso.
7. Agregue la mezcla a las rodajas de pollo.
9. Enrolle las rodajas y hornee en la Air Fryer durante 40 minutos.
10. Sirve con criollo.

Nutrición:

- Calorías: 399
- Grasas: 27,5g
- Hidratos de carbono: 30,5 g
- Proteínas: 8,4 g

Pollo Crema-Cebolla

¡Mezcle cremas agrias con cebolla y carne tierna de pollo para obtener una excelente cena!

Tiempo de preparación: 30 minutos.
Tiempo de cocción: 30 minutos.
Porciones: 4

Ingredientes:

- 4 pechugas de pollo
- 1 1/2 taza de mezcla de sopa de cebolla
- 1 taza de sopa de champiñones
- ½ taza de cremas

Direcciones:

1. Encienda la Air Fryer y precaliente a 400oF.
2. Ponga las mezclas de champiñones y cebollas en la sartén.
3. Calentar la mezcla con las cremas.
4. Cubra el pollo con la marinada y déjelo por 25 minutos.
5. Hornee el pollo en la Air Fryer durante 30 minutos.
6. ¡Sirve pollo con cremas espesas!

Nutrición:

- Calorías: 282
- Grasas: 4g
- Hidratos de Carbono: 55g
- Proteína: 8g

Pollo cremoso de Asiago

¡Rebanadas de pollo ligeras y cremosas con hierbas frescas y salsa satisfactoria!

Tiempo de preparación: 5 minutos.
Tiempo de cocción: 45 minutos.
Porciones: 4

Ingredientes:

- 4 pechugas de pollo
- 1 cucharadita de ajo en polvo
- 1 taza de mayonesa
- ½ cucharadita de pimienta
- ½ taza de queso blando
- ½ cucharadita de sal

Direcciones:

1. Encienda la Air Fryer y precaliente hasta 380oF.
2. Haga una marinada de queso, mayonesa, ajo en polvo y sal.
3. Cubra el pollo con la marinada.
4. Coloque las pechugas de pollo en la Air Fryer y cocine durante 45 minutos.
5. Sirve el pollo con albahaca picada.

Nutrición:

- Calorías: 250
- Grasas: 6g
- Hidratos de Carbono: 33g
- Proteína: 14g

Pollo cremoso con limón y parmesano al estilo italiano

¿Quizás quieres más cocina italiana? ¿Por qué no? ¡Es fácil cocinar platos extra deliciosos con Air Fryer!

Tiempo de preparación: 15 minutos.
Tiempo de cocción: 30 minutos.
Porciones: 4

Ingredientes:

- 2 pechugas de pollo
- 2 cucharadas de perejil
- 2 cucharadas de harina
- 3 cucharadas de jugo de limón
- 2 cucharadas de queso parmesano
- 1 cucharadita de maicena
- Sal al gusto
- Pimienta al gusto
- 1 cucharada de aceite de oliva
- 2 cucharadas de alcaparras
- 2 cucharaditas de mantequilla

- 1/3 taza de mozzarella
- 2 cucharadas de ajo
- ½ taza de leche
- 1 ¼ taza de caldo de pollo

Direcciones:

1. Encienda Air Fryer y precaliente hasta 360oF.
2. Lavar y cortar el pollo.
3. Mezcle la harina con el parmesano.
4. Cubra el pollo con sal y pimienta.
5. Vierta el aceite de oliva y la mantequilla con la leche, el ajo, el caldo de pollo, la mozzarella, las alcaparras, el perejil y la maicena en la sartén.
6. Calentar la salsa en la sartén.
7. Cubra el pollo con la salsa picante.
8. Cubra el pollo con la mezcla de harina de parmesano.
9. Coloque el pollo en la Air Fryer y cocine hasta que el pollo se ponga dorado.
10. Sirve con queso cremoso.

Nutrición:

- Calorías: 460
- Grasas: 13g
- Hidratos de Carbono: 34g

- Proteínas: 53g

Pollo crujiente con mostaza

Tan crujiente y suave al mismo tiempo: ¡pruebe el pollo extra dulce con salsa picante!

Tiempo de preparación: 20 minutos
Tiempo de cocción: 50 minutos.
Porciones: 4

Ingredientes:

- 4 dientes de ajo
- 8 rodajas de pollo
- 1 cucharada de hojas de tomillo
- ½ taza de vino seco
- Sal kosher al gusto
- ½ taza de mostaza de Dijon
- 2 tazas de pan rallado
- 2 cucharadas de mantequilla derretida
- 1 cucharada de ralladura de limón
- 2 cucharadas de aceite de oliva

Direcciones:

1. Encienda la Air Fryer y precaliente a 350oF.
2. Mezclar tomillo con dientes de ajo, sal, pan rallado, pimienta, aceite de oliva, mantequilla derretida y ralladura de limón.
3. Mezclar la mostaza con el vino.
4. Coloque las rodajas de pollo en la mezcla de vino y luego en la mezcla de migas.
5. Coloque el pollo en la Air Fryer y cocine durante 40 minutos.
6. Sirve con limón y miel.

Nutrición:

- Calorías: 726
- Grasas: 24g
- Carbohidratos: 0g
- Proteínas: 76g

Pollo picante crujiente

¡Especia extra! ¡Extra Crujiente! ¡Extra delicioso!

Tiempo de preparación: 15 minutos.
Tiempo de cocción: 20 minutos.
Porciones: 4

Ingredientes:

- 3 huevos
- Pollo
- 1/3 taza de agua
- Sal al gusto
- Pimienta al gusto
- 1 taza de salsa picante
- 1 cuarto de suero de leche
- 4 tazas de harina
- 3 cucharaditas de pimienta de cayena
- 2 cucharaditas de pimienta
- 2 cucharaditas de pimentón de cayena

Direcciones:

1. Cubra el pollo con suero de leche.
2. Encienda la Air Fryer y precaliente a 400oF.
3. Mezcle la salsa roja con agua y huevos.
4. Mezcle la pimienta de cayena, la harina, la pimienta y el pimentón en el otro tazón.
5. Cubra el pollo con la mezcla de harina.
6. Vierta la mezcla de salsa roja sobre el pollo.
7. Hornee el pollo en la Air Fryer durante 20 minutos.
8. Sirve con verduras asadas.

Nutrición:

- Calorías: 231
- Grasas: 11g
- Hidratos de Carbono: 16g
- Proteína: 16g

Pollo doble crujiente con miel y ajo

Este recibo te sorprenderá, ¡solo prueba esta carne extra dulce y crujiente!

Tiempo de preparación: 15 minutos.
Tiempo de cocción: 15 minutos.
Porciones: 4

Ingredientes:

- 4 pechugas de pollo
- Aceite de canola
- 2 tazas de harina
- 5 cucharaditas de pimienta
- 4 cucharaditas de sal
- ¼ taza de salsa de soja
- 3 cucharadas de jengibre
- 1 taza de miel
- 1 cucharada de nuez moscada
- 4 dientes de ajo
- 2 cucharaditas de tomillo
- 2 cucharadas de aceite de oliva

- 2 cucharaditas de salvia molida
- 8 cucharadas de agua
- 2 cucharadas de pimentón
- 4 huevos
- 1 cucharadita de pimienta de cayena

Direcciones:

1. Encienda la Air Fryer y precaliente a 400oF.
2. Lavar y cortar el pollo en rodajas.
3. Mezclar harina, pimienta, jengibre, sal, pimentón, nuez moscada, tomillo y pimienta de cayena.
4. Licúa los huevos con agua.
5. Cubra las rodajas de pollo con la mezcla de pimentón en la bolsa con cierre.
6. Caliente la miel, el aceite de oliva, la salsa de soja y el aceite de canola en la sartén.
7. Vierta la mezcla de miel sobre las rodajas de pollo.
8. Coloque el pollo en los huevos batidos, luego en la mezcla de miel y hornee por 30 minutos en la Air Fryer.
9. Sirva con frutos rojos y miel.

Nutrición:

- Calorías: 799
- Grasas: 16g
- Hidratos de Carbono: 127g
- Proteínas: 41,3 g

Pollo Frotado En Seco

Recibo especial para la ocasión especial!

Tiempo de preparación: 40 minutos.
Tiempo de cocción: 45 minutos.
Porciones: 4

Ingredientes:

- 3 cucharadas de azúcar morena
- 3 libras de rodajas de pollo
- 2 cucharaditas de chile en polvo
- ¼ de cucharadita de pimienta de cayena
- 2 cucharaditas de pimentón
- 1 cucharadita de sal
- 1 ½ cucharadita de pimienta
- 1 cucharadita de cebolla en polvo
- 1 cucharadita de mostaza

Direcciones:

1. Encienda Air Fryer y precaliente hasta 370oF.
2. Derretir el azúcar moreno con mostaza.
3. Combine todos los demás ingredientes y cubra el pollo con ellos.
4. Coloque el azúcar derretido sobre el pollo.
5. Hornee el pollo en la Air Fryer durante 45 minutos.
6. Sirva el pollo con hierbas frescas.

Nutrición:

- Calorías: 439
- Grasas: 24g
- Hidratos de Carbono: 13g
- Proteínas: 43g

Pollo al limón fácil

Carne de pollo dulce con jugo de limón tierno y olor perfecto: ¡cena especial para el día especial!

Tiempo de preparación: 10 minutos
Tiempo de cocción: 25 minutos.
Porciones: 4

Ingredientes:

- 1 taza de aceite de oliva
- 2 huevos
- 1 taza de migas de ciabatta
- ½ taza de harina
- Ralladura de 2 limones
- Sal al gusto
- 1 libra de filete de pollo
- Rodajas de limón

Direcciones:

1. Encienda la Air Fryer y precaliente a 400oF.
2. Mezclar la ralladura de limón con las migas.
3. Prepara un adobo de sal, harina, aceite de oliva y huevos.
4. Cubra el pollo con la mezcla de huevo.
5. Cubra la carne de pollo con la mezcla de ralladura de limón.
6. Hornee en la Air Fryer durante 20 minutos.
7. Agrega rodajas de limón y hornea 5 minutos más.
8. ¡Sirve con hojas frescas de albahaca!

Nutrición:

- Calorías: 229
- Grasas: 11g
- Hidratos de Carbono: 6g
- Proteína: 24g

Alitas de pollo con ajo y parmesano

¡Las alitas de pollo pequeñas pueden ser realmente satisfactorias y saludables con Air Fryer!

Tiempo de preparación: 15 minutos
Tiempo de cocción: 45 minutos.
Porciones: 4

Ingredientes:

- Tambores de 4 libras
- 1 cucharada de aceite de oliva
- 1 paquete de mezcla de rancho de hidden valley
- ¼ taza de queso parmesano
- 1 cucharadita de ajo en polvo
- 1 cucharadita de sal
- 1 cucharadita de condimento cajún
- ½ cucharadita de pimienta molida

Direcciones:

1. Abra los tambores y lávelos.
2. Encienda la Air Fryer y precaliente a 400oF.
3. Mezcle aceite vegetal, mezcla ranch, pimienta, ajo en polvo, sal, condimento cajún. Cubra el pollo con esta mezcla.
4. Coloque el parmesano encima.
5. Coloque el pollo en la Air Fryer y cocine durante 45 minutos.
6. Sirve con salsa picante.

Nutrición:

- Calorías: 510
- Grasas: 40g
- Carbohidratos: 3g
- Proteína: 35g

Pollo al estilo griego

¡Arroz picante con ralladura de limón y pollo dulce con hierbas griegas!

Tiempo de preparación: 10 minutos.
Tiempo de cocción: 50 minutos.
Porciones: 5

Ingredientes:

- 5 muslos de pollo
- Ralladura de limón al gusto
- 2 limones
- Perejil
- 2 cucharadas de orégano
- Pimienta al gusto
- 4 dientes de ajo
- ¾ cucharaditas de sal
- Aceite de oliva
- Cebolla
- 12.5 onzas líquidas de caldo de pollo
- 6,3 oz de arroz largo

Direcciones:

1. Encienda la Air Fryer y precaliente a 350oF.
2. Mezcle el aceite de oliva, el caldo de pollo, la cebolla picada, la sal, el ajo, la pimienta, el orégano, el perejil, la ralladura de limón y los limones picados en la bolsa con cierre hermético.
3. Coloque las rodajas de pollo en la bolsa con cierre para marinar.
4. Saque el pollo de la bolsa y caliente la mitad de la marinada.
5. Coloque el pollo en la Air Fryer y hornee por 20 minutos.
7. Agregue la marinada caliente a la Air Fryer y hornee por 25 minutos más.
8. Sirve con limón.

Nutrición:

- Calorías: 372
- Grasas: 17g
- Carbohidratos: 3g
- Proteína: 48g

Pollo Hawaiano A La Parrilla

La carne de pollo puede ser súper dulce, ¡solo prueba este recibo!

Tiempo de preparación: 10 minutos
Tiempo de cocción: 15 minutos.
Porciones: 2

Ingredientes:

- 4 pechugas de pollo
- 2 dientes de ajo
- ½ taza de salsa de tomate
- ½ cucharadita de jengibre
- ½ taza de salsa de soja
- 2 cucharadas de jerez
- ½ taza de jugo de piña
- 2 cucharadas de vinagre de sidra de manzana
- ½ taza de azúcar morena

Direcciones:

1. Encienda Air Fryer y precaliente hasta 360oF.
2. Mezcle la salsa de tomate con jugo de piña, azúcar, vinagre de sidra y jengibre. Calentar esta salsa en la sartén.
3. Cubra el pollo con salsa de soja y jerez.
4. Cubra el pollo con salsa picante.
5. Deje el pollo durante 15 minutos para marinar.
6. Hornee el pollo en la Air Fryer durante 15 minutos.
7. ¡Sirve con miel!

Nutrición:

- Calorías: 200
- Grasas: 2,7 g
- Hidratos de Carbono: 14g
- Proteínas: 29,6 g

Pechuga de pavo asada con hierbas

¡Cocine platos extra deliciosos en pocos minutos con Air Fryer!

Tiempo de preparación: 20 minutos.
Tiempo de cocción: 90 minutos.
Porciones: 4

Ingredientes:

- 1 pechuga de pavo
- ¾ taza de vino blanco semiseco
- 2 cucharadas de aceite de oliva
- ½ cucharadita de pimienta negra
- 1 cucharada de ajo picado
- 1 ½ cucharadita de sal kosher
- 2 cucharaditas de jugo de limón
- 1 cucharadita de hojas de tomillo
- 2 cucharaditas de mostaza seca
- 1 cucharada de hojas de salvia
- 1 cucharada de hojas de romero

Direcciones:

1. Encienda la Air Fryer y precaliente a 325oF.
2. Mezclar aceite de oliva, mostaza, ajo, jugo de limón, tomillo, salvia, romero, pimienta y sal.
3. Coloque la pechuga de pavo en la marinada.
4. Cubra la carne con vino blanco y colóquela en la Air Fryer durante 90 minutos.
5. Sirve con salsa picante.

Nutrición:

- Calorías: 120
- Grasas: 1g
- Hidratos de Carbono: 2g
- Proteínas: 26g

Pollo en miel balsamica

¡La carne de pollo súper suave y súper dulce será una cena extra deliciosa y fácil!

Tiempo de preparación: 10 minutos
Tiempo de cocción: 40 minutos.
Porciones: 3

Ingredientes:

- 1 ½ lb de muslos de pollo
- Perejil picado
- ½ cucharadita de sal
- 1 cucharada de vinagre balsámico
- 3 pizcas de pimienta negra
- 2 ½ cucharadas de miel
- 2 dientes de ajo
- 1 cucharada de mantequilla
- 1 cucharada de aceite de oliva

Direcciones:

1. Encienda la Air Fryer y precaliente hasta 380oF.
2. Cubra el pollo con sal y pimienta.
3. Coloque aceite de oliva, ajo, mantequilla, miel y vinagre balsámico en la sartén. Calienta esta mezcla.
4. Cubra el pollo con la mezcla y el perejil.
5. Hornee el pollo en la Air Fryer durante 40 minutos.
6. Sirve con salsa cremosa.

Nutrición:

- Calorías: 232
- Grasas: 5g
- Hidratos de Carbono: 10g
- Proteínas: 29g

pollo a la matequilla Hindu

Agregue más vibraciones asiáticas a los días grises de la semana: pruebe la cocina india, ¡suave y crujiente al mismo tiempo!

Tiempo de preparación: 10 minutos
Tiempo de cocción: 20 minutos.
Porciones: 4

Ingredientes:

- 6 cucharadas de mantequilla derretida
- Arroz para servir
- 2 libras de pechugas de pollo
- Lima
- Cebolla
- Sal al gusto
- Pimienta al gusto
- 3 dientes de ajo
- 14 oz de salsa de tomate
- 3 cucharaditas de garam masala
- ½ cucharadita de papel de cayena
- 1 cucharada de jengibre rallado

- 1 cucharadita de comino
- 1 cucharadita de chile en polvo

Direcciones:

1. Encienda la Air Fryer y precaliente hasta 380oF.
2. Cubra el pollo con mantequilla derretida.
3. Cocine el pollo en la Air Fryer durante 5 minutos.
4. Mezcle todos los demás ingredientes y prepare la marinada.
5. Agregue la marinada a la Air Fryer.
6. Cocine el pollo por 15 minutos más.
7. Sirva con hierbas frescas.

Nutrición:

- Calorías: 196
- Grasas: 13g
- Hidratos de Carbono: 4g
- Proteína: 16g

Empanadas de Jalapeño Popper

Aves blandas con salsa dulce y verduras asadas: ¡algo extra fresco y lleno de vitaminas!

Tiempo de preparación: 15 minutos
Hora de cocinar: 15 minutos
Porciones: 4

Ingredientes:

- ¾ taza de cebolla picada
- ¼ de cucharadita de sal
- ¼ de cucharadita de pimienta
- ¼ taza de queso crema
- 2 claras de huevo
- ¼ taza de chiles jalapeños
- 1/3 taza de pan rallado
- ½ cucharadita de ajo en polvo
- 1 libra de pavo
- ½ cucharadita de cebolla en polvo

Direcciones:

1. Encienda Air Fryer y precaliente hasta 360oF.
2. Lavar y picar la cebolla. Freír en la sartén durante 5 minutos.
3. Mezcle cebollas fritas con jalapeño, queso crema, ajo en polvo y cebolla en polvo.
4. Mezcle todos los ingredientes recordados en el otro tazón.
5. Coloque la carne de pavo en la mezcla en el tazón.
6. Coloque la mezcla de queso en cada rebanada de pavo.
7. Cocine la carne en la Air Fryer durante 10 minutos.
8. ¡Sirve con hierbas frescas!

Nutrición:

- Calorías: 227
- Grasas: 8g
- Hidratos de carbono: 9,5 g
- Proteínas: 27,5 g

Pechugas De Pollo Al Limón

¡El jugo de limón fresco hará que las pechugas de pollo sean más saludables y deliciosas!

Tiempo de preparación: 15 minutos
Tiempo de cocción: 40 minutos.
Porciones: 4

Ingredientes:

- ¼ taza de aceite de oliva
- Limón
- 3 cucharadas de ajo picado
- 4 pechugas de pollo
- 1/3 taza de vino blanco
- Sal kosher al gusto
- 1 cucharada de ralladura de limón
- 1 cucharadita de hojas de tomillo
- 2 cucharadas de jugo de limón
- 1 1/2 cucharadita de orégano

Direcciones:

1. Encienda la Air Fryer y precaliente a 400oF.
2. Mezclar aceite de oliva con ajo, ralladura de limón, jugo de limón, vino blanco, orégano, sal y tomillo.
3. Calentar la mezcla de limón en la sartén.
4. Lave las pechugas de pollo y cúbralas con jugo de limón.
5. Hornee las pechugas de pollo en la Air Fryer durante 40 minutos.
6. Sirve el pollo con miel.

Nutrición:

- Calorías: 140
- Grasas: 3,3 g
- Hidratos de carbono: 0,1 g
- Proteínas: 25,7 g

Muslos de pollo glaseados con soja y arce

El pollo puede ser súper dulce y súper sabroso: ¡prueba este recibo y estarás seguro!

Tiempo de preparación: 5 minutos.
Tiempo de cocción: 20 minutos.
Porciones: 8

Ingredientes:

- 12 medias de pollo
- 1 cucharada de perejil
- 1 cucharada de aceite de oliva
- 2 cucharadas de vinagre de sidra de manzana
- Sal kosher al gusto
- 2 cucharadas de salsa de soja
- 2 cucharadas de sirope de arce puro

Direcciones:

1. Lavar y cortar el pollo. Cúbrelo con sal.
2. Calentar el aceite de oliva en la sartén.
3. Mezcle la sidra de manzana con el jarabe de arce.
4. Hierva la mezcla de vinagre de manzana.
5. Cubra el pollo con aceite caliente y salsa de soya y arce.
6. Hornee en la Air Fryer durante 20 minutos.
8. Sirva con hierbas frescas.

Nutrición:

- Calorías: 209
- Grasas: 9g
- Hidratos de Carbono: 6g
- Proteína: 25g

Pollo Nandos

¡Prueba un pollo realmente delicioso lleno de vitaminas!

Tiempo de preparación: 10 minutos
Tiempo de cocción: 25 minutos.
Porciones: 4

Ingredientes:

- 1 pollo
- Sal al gusto
- 13.5 onzas líquidas de aceite de oliva
- Pimienta al gusto
- 5.1 oz. De salsa de tomate
- 1 cucharada de piri piri
- 1 cucharada de puré de ajo
- 1 cucharada de perejil
- 1 cucharada de pimentón

Direcciones:

1. Lave el pollo y córtelo por la mitad.
2. Mezclar puré de ajo, pimentón, sal, pimienta, perejil, piri piri y aceite de oliva con salsa de tomate.
3. Cubra el pollo con la marinada.
4. Deje el pollo en la marinada durante 20 minutos.
5. Encienda la Air Fryer y precaliente hasta 380oF.
6. Coloque el pollo en la Air Fryer y cocine durante 25 minutos.
7. Sirve con frutas asadas.

Nutrición:

- Calorías: 282
- Grasas: 16g
- Hidratos de carbono: 3,6 g
- Proteínas: 29g

Muslo de pollo panko con calabacín y aros de cebolla

¡Este recibo fácil y rápido de Air Fryer puede convertirse en su favorito!

Tiempo de preparación: 15 minutos
Tiempo de cocción: 20 minutos.
Porciones: 1

Ingredientes:

- 1 muslo de pollo
- 1 cucharadita de sal
- 2 cucharaditas de harina
- Clara de huevo
- 2 cucharadas de panko
- Hierbas italianas al gusto
- Aceite de oliva

Direcciones:

1. Lava el pollo.
2. Encienda la Air Fryer y precaliente a 400oF.
3. Cubra el pollo con hierbas italianas y aceite de oliva.
4. Agrega la harina con la clara de huevo.
5. Cubra el pollo con sal y panko.
6. Hornee en la Air Fryer durante 30 minutos.
7. ¡Sirve con salsa picante!

Nutrición:

- Calorías: 200
- Grasas: 11g
- Hidratos de carbono: 1,6 g
- Proteína: 23g

Filete De Pollo A La Parmesano

Queso tierno con carne tierna: ¡sabor del paraíso!

Tiempo de preparación: 15 minutos.
Tiempo de cocción: 10 minutos.
Porciones: 4

Ingredientes:

- 8 tiras de pollo
- 1 cucharadita de hierbas italianas
- 1 taza de panko
- 1 cucharadita de ajo en polvo
- ½ taza de queso parmesano
- Huevo
- 1.06 oz de mantequilla

Direcciones:

1. Encienda la Air Fryer y precaliente a 400oF.
2. Mezcle la mantequilla derretida, el ajo en polvo, las hierbas italianas y el huevo.
3. Cubra el filete de pollo con la mezcla de huevo.

4. Mezcle panko con queso parmesano.
5. Cubra el pollo con parmesano.
6. Cocine el filete de pollo en la Air Fryer durante 10 minutos.
7. ¡Sirve con salsa de frutos rojos!

Nutrición:

- Calorías: 162
- Grasas: 3g
- Hidratos de carbono: 7,8 g
- Proteínas: 26g

Tiras de pollo rápidas

Carne de pollo extra ligera y fácil cubierta con pan rallado: ¡pruébalo y te gustará!

Tiempo de preparación: 15 minutos.
Tiempo de cocción: 20 minutos.
Porciones: 4

Ingredientes:

- Pechuga de pollo
- Sal al gusto
- Pimienta al gusto
- 0.51 onzas líquidas de avena
- 1.76 oz de harina
- Huevo
- 0.51 onzas líquidas de coco
- Mezcla de especias KFC de 0,17 onzas líquidas
- 0.25 onzas líquidas de pan rallado

Direcciones:

1. Encienda Air Fryer y precaliente hasta 360oF.
2. Haga pequeñas líneas de la carne de pollo.
3. Licue la avena, el coco, la mezcla de especias, la pimienta y la sal.
4. Coloque las tiras de carne en la marinada durante 20 minutos para que repose.
5. Cubra la carne con harina y huevo.
6. Agregue pan rallado y coloque el pollo en la Air Fryer durante 15 minutos.
8. ¡Sirve con salsa de tomate!

Nutrición:

- Calorías: 120
- Grasas: 3g
- Carbohidratos: 0g
- Proteína: 25g

Pollo Asado con Ajo y Clavo

Dulce y suave, crujiente y tierno al mismo tiempo: ¡este recibo lo inspirará!

Tiempo de preparación: 20 minutos
Tiempo de cocción: 45 minutos.
Porciones: 4

Ingredientes:

- 8 muslos de pollo
- 1 cucharadita de harina
- Sal kosher al gusto
- Pimienta al gusto
- 2 cucharaditas de hierbas provenzales
- 3 cucharadas de aceite de oliva
- 1 cucharada de mantequilla
- 1 cabeza de ajo
- Pan al gusto
- ¼ taza de caldo de pollo
- ½ limón

Direcciones:

1. Encienda Air Fryer y precaliente hasta 360oF.
2. Lava las rodajas de pollo.
3. Haga jugo de limón con la mitad del limón.
4. Prepare una sartén y cocine los dientes de ajo con aceite de oliva.
5. Cubra el pollo con sal, pimienta y dientes de ajo.
6. Mezcle las hierbas, la harina, el jugo de limón, la mantequilla y vierta sobre las rodajas de pollo.
7. Coloque el pollo en la Air Fryer y cocine por 10 minutos.
9. Agrega el caldo de pollo.
10. Cocine la carne por 35 minutos más.
11. Sirve con rodajas de naranja y miel.

Nutrición:

- Calorías: 280
- Grasas: 12g
- Hidratos de Carbono: 10g
- Proteína: 24g

Pollo simple con anacardos

Carne dulce en adobo con deliciosas nueces y hierbas frescas.

Tiempo de preparación: 10 minutos
Tiempo de cocción: 15 minutos.
Porciones: 4

Ingredientes:

- 1 ½ libras de pechugas de pollo
- Huevo
- 1/3 taza de aceite de oliva
- 1 cucharada de maicena
- ¼ de taza de agua
- 1 cucharada de cebolletas
- ¾ taza de anacardos tostados
- 2 cucharadas de ajo
- 3 cucharadas de salsa hoisin
- 2 cucharadas de vinagre
- Semillas de sésamo tostadas
- Cebolletas verdes

Direcciones:

1. Encienda Air Fryer y precaliente hasta 360oF.
2. Lavar y cortar el pollo en rodajas.
3. Licúa el huevo y cubre las rodajas de pollo con él.
4. Agregue maicena con aceite vegetal a la carne y coloque las rodajas en la Air Fryer durante 10 minutos.
5. Mezcle el ajo picado con las cebolletas y el vinagre.
6. Mezcle la salsa con el agua y la mezcla de ajo.
7. Agregue la mezcla de ajo a la carne de pollo y cocine por 6 minutos más.
8. ¡Sirve pollo con anacardos asados!

Nutrición:

- Calorías: 299
- Grasas: 10,3g
- Hidratos de Carbono: 26g
- Proteínas: 27g

Pollo a la sartén con limoncillo

El limoncillo puede ser un complemento perfecto para la dulce y tierna carne de pollo. ¡Prueba este recibo!

Tiempo de preparación: 10 minutos.
Tiempo de cocción: 30 minutos.
Porciones: 3

Ingredientes:

- 1 limoncillo
- Petróleo
- 12 muslos de pollo
- 1/8 cucharadita de pimienta de cayena
- 1 cucharada de miel
- 3 pizcas de pimienta
- ¼ de cucharadita de sal

Direcciones:

1. Encienda Air Fryer y precaliente hasta 360oF.
2. Licúa la hierba de limón.
3. Mezcle todos los ingredientes.
4. Cubra el pollo con limoncillo con la marinada.
5. Hornee el pollo en la Air Fryer durante 30 minutos.
6. ¡Sirve con crema espesa!

Nutrición:

- Calorías: 230
- Grasas: 5g
- Hidratos de Carbono: 27g
- Proteína: 20g

Pollo Asado con Espinacas

Suave y lleno de vitaminas: ¡la carne de pollo puede llenarte de energía y ser positivo!

Tiempo de preparación: 20 minutos
Hora de cocinar: 40 minutos
Porciones: 4

Ingredientes:

- 1 cucharada de mantequilla
- Pimentón al gusto
- 4 pechugas de pollo
- Pimienta de limón al gusto
- Sal al gusto
- 2/3 taza de mozzarella
- 2 cucharadas de aceite de oliva
- 4 dientes de ajo
- 10 oz de espinacas frescas
- 4 rebanadas de queso Pepper Jack
- 4 oz de champiñones
- 4 rebanadas de tocino

Direcciones:

1. Encienda Air Fryer y precaliente hasta 375oF.
2. Mantequilla derretida.
3. Lavar y cortar la carne de pollo.
4. Cubra el pollo con mantequilla, sal, limón, pimienta, pimentón y aceite vegetal. Mezclar bien.
5. Cocine la carne de pollo en la Air Fryer durante 20 minutos.
6. Agregue queso mozzarella, ajo a la Air Fryer.
7. Cocine por 10 minutos más.
8. Licúa los champiñones con las espinacas y el ajo.
9. Agregue tocino con queso Pepper jack y espinacas mezcladas con champiñones a la Air Fryer. Cocine por 20 minutos más.
10. Sirva con hierbas frescas.

Nutrición:

- Calorías: 203
- Grasas: 9g
- Carbohidratos: 3g
- Proteínas: 27g

Pavo condimentado con hierbas de la India

¿Es posible cocinar un pavo tanto saludable como extra delicioso? ¡Sí!

Tiempo de preparación: 30 minutos.

Tiempo de cocción: 90 minutos.

Porciones: 12

Ingredientes:

- 1 pavo
- Sal al gusto
- 3 cucharadas de perejil
- Pimienta al gusto
- 1 ½ cucharada de romero
- 2 cebollas
- 1 ½ cucharada de tomillo
- 3 apio
- 1 cucharada de salvia
- 2 zanahorias
- 2 cucharaditas de pimentón
- 1 cucharadita de jengibre
- 2 cucharaditas de pimentón
- 1 cucharadita de hierbas indias
- 1 cucharadita de curry en polvo

- 2 tazas de pavo goteando
- 4 tazas de caldo de pavo
- ¼ de taza de harina
- ¼ taza de mantequilla de pavo

Direcciones:

1. Encienda la Air Fryer y precaliente a 400oF.
2. Lavar y limpiar el pavo. Corta el pavo en rodajas.
3. Cubra la carne de pavo con sal.
4. Mezcle aceite, jengibre, ajo, pimentón, hierbas, curry en polvo, jengibre, pimienta blanca con verduras picadas y mantequilla.
5. Calentar la mezcla de verduras en la sartén.
6. Cubra el pavo con harina.
7. Cubra el pavo con la mezcla de verduras.
8. Coloque el pavo en la Air Fryer y cúbralo con caldo.
9. Hornea el pavo por 90 minutos.
11. ¡Sirve carne de pavo con hierbas frescas!

Nutrición:

- Calorías: 288
- Grasas: 3g
- Hidratos de Carbono: 38g
- Proteína: 30g

Pollo asiático pegajoso

¡Haz que estos días de la semana sepan a Asia!

Tiempo de preparación: 10 minutos
Tiempo de cocción: 20 minutos.
Porciones: 2

Ingredientes:

- 1 libra de wingettes de pollo
- 1 cucharadita de hojas de cilantro picadas
- Sal al gusto
- 1 cucharadita de maní tostado picado
- Pimienta al gusto
- ½ cucharada de vinagre de sidra de manzana
- 1 diente de ajo
- ½ cucharada de salsa de ají con ajo
- 1 pieza de jengibre
- 1 ½ cucharadita de salsa de soja
- 2 ½ cucharadas de miel

Direcciones:

1. Encienda Air Fryer y precaliente hasta 360oF.
2. Lavar y limpiar las alitas de pollo.
3. Cubra el pollo con sal y pimienta.
4. Mezcle jengibre, ajo, salsa picante, miel, salsa de soja, vinagre.
5. Cubra el pollo con salsa de miel y hornee en la Air Fryer durante 20 minutos.
6. Sirve con hojas frescas.

Nutrición:

- Calorías: 244
- Grasas: 5.1g
- Hidratos de Carbono: 10g
- Proteínas: 37g

Alas pegajosas en estilo griego

¡Prueba el yogur con carne de pollo suave y tierna!

Tiempo de preparación: 10 minutos
Tiempo de cocción: 20 minutos.
Porciones: 2

Ingredientes:

- 1 libra de alitas de pollo
- 1 cucharadita de cilantro
- Sal al gusto
- Pimienta al gusto
- 1 cucharadita de anacardos
- 1 diente de ajo
- 1 cucharada de yogur
- 2 cucharadas de miel
- ½ cucharada de vinagre
- ½ cucharadita de jengibre
- ½ cucharada de salsa de ají con ajo

Direcciones:

1. Encienda Air Fryer y precaliente hasta 360oF.
2. Cubre las alitas de pollo con sal y pimienta.
3. Cocine el pollo en la Air Fryer durante 20 minutos.
4. Mezcle todos los demás ingredientes en el bol.
5. Cubra las alitas de pollo con la salsa y cocine por 5 minutos más.
6. Sirva el pollo con frutos rojos.

Nutrición:

- Calorías: 420
- Grasas: 11g
- Hidratos de Carbono: 13g
- Proteínas: 65g

Pollo al tomate al sol

Prueba el pollo tierno sin cremas, ¡pero con tomates asados!

Tiempo de preparación: 15 minutos.
Tiempo de cocción: 15 minutos.
Porciones: 4

Ingredientes:

- 2 pechugas de pollo
- Pimienta al gusto
- 2 cucharadas de salsa de tapioca
- 1 cucharadita de sal
- 4 cucharadas de queso parmesano
- 2 cucharadas de aceite de tomate
- 2 cucharadas de albahaca
- 2 cucharadas de ajo
- 2 cucharaditas de hierbas italianas
- 6,8 oz de rayas de tomate
- 1 cucharada de maicena
- 1 taza de champiñones en rodajas
- 1 ½ taza de leche

Direcciones:

1. Encienda Air Fryer y precaliente hasta 360oF.
2. Mezclar la harina con la pimienta, el parmesano y la sal.
3. Freír los champiñones, el ajo y los tomates en la sartén durante 5 minutos,
4. Cubra el pollo con la mezcla de parmesano y la leche.
5. Mezclar todas las hierbas y agregar al pollo.
7. Mezcle el pollo con maicena.
8. Hornee el pollo con tomates y champiñones durante 15 minutos en la Air Fryer.
9. Sirve con salsa de tapioca.

Nutrición:

- Calorías: 120
- Grasas: 6g
- Carbohidratos: 3g
- Proteína: 11g

Pollo Teriyaki con Arroz de Piña

¡La piña dulce asada será el complemento perfecto para el tierno pollo teriyaki!

Tiempo de preparación: 10 minutos.
Tiempo de cocción: 35 minutos.
Porciones: 4 porciones

Ingredientes:

- 2 cucharaditas de maicena
- 4 pechugas de pollo
- ½ cucharadita de sriracha
- 1 ½ taza de arroz blanco
- ¼ de cucharadita de pimienta
- 1,20 oz de piña
- ½ cucharadita de sal
- Aceite de oliva
- ½ cucharadita de jengibre
- ½ taza de salsa de soja
- 1 cucharadita de ajo
- ½ taza de azúcar
- ¼ taza de vinagre

Direcciones:

1. Encienda Air Fryer y precaliente hasta 360oF.
2. Mezclar salsa de soja, vinagre, azúcar, ajo, maicena, jengibre, aceite de oliva, sal, pimienta y sriracha.
3. Cubra el pollo con la marinada.
4. Cocine el pollo durante 35 minutos en la Air Fryer.
5. Hervir el arroz y agregar rodajas de piña con jugo de piña.
6. Coloque el arroz hervido en la Air Fryer durante 10 minutos.
7. ¡Sirve con hierbas frescas!

Nutrición:

- Calorías: 187
- Grasas: 5,5 g
- Hidratos de carbono: 18,1 g
- Proteínas: 16,3 g

Muslos de pollo tailandés

¿Alguna vez has probado algo más delicioso que el pollo dulce con salsa asiática?

Tiempo de preparación: 15 minutos.
Tiempo de cocción: 25 minutos.
Porciones: 4

Ingredientes:

- 12 muslos de pollo
- 1 ½ cucharada de azúcar morena
- 1/3 taza de albahaca fresca
- 1 ½ cucharada de aceite de oliva
- 1/3 taza de cilantro
- 1 ½ cucharada de salsa de pescado
- 1 cucharada de ajo picado
- 1 ½ cucharada de salsa de soja
- 1 cucharada de jengibre picado
- 1 cucharada de chile picado

Direcciones:

1. Haga una marinada de jengibre, ajo y chile. Agregue aceite de oliva, salsa de pescado, cilantro, albahaca y azúcar morena.
2. Coloque el pollo en la marinada. Agregue salsa de soja a las rodajas de pollo.
3. Encienda Air Fryer y precaliente hasta 360oF.
4. Coloque el pollo en la Air Fryer y cocine durante 25 minutos.
5. Sirve la carne de pollo con miel.

Nutrición:

Calorías: 330
Grasas: 13,4g
Hidratos de Carbono: 8g
Proteína: 42g

Pavo al curry rojo tailandés

Pavo picante, picante y crujiente: ¡algo que te encantará probar esta noche!

Tiempo de preparación: 15 minutos.
Tiempo de cocción: 60 minutos.
Porciones: 5

Ingredientes:

- 2 cucharaditas de aceite de canola
- Hojas de cilantro
- 1 libra de pavo molido
- Arroz basmati hervido
- 1 diente de ajo
- 6 oz de leche de coco
- 4 cebolletas
- 2 cucharaditas de salsa de pescado
- 1 pimiento morrón rojo
- 2 cucharadas de azúcar morena
- 2 cucharaditas de pasta de curry rojo
- Zumo de 1 lima

Direcciones:

1. Encienda la Air Fryer y precaliente a 400oF.
2. Calentar el aceite en la sartén.
3. Agregue el ajo, las cebolletas, el pimiento morrón, la pasta de curry, el jugo de limón, la salsa de pescado y el azúcar. Freír durante 3 minutos.
4. Pica el pollo y cúbrelo con la salsa.
5. Hornee el pollo en la Air Fryer durante 60 minutos.
6. Sirve con salsa picante.

Nutrición:

- Calorías: 420
- Grasas: 23g
- Hidratos de Carbono: 44g
- Proteína: 9g

Hamburguesas tailandesas de pavo

Carne con hierbas asiáticas y salsa dulce picante es exactamente lo que necesitas para llenar de colores los días de la semana.

Tiempo de preparación: 15 minutos
Tiempo de cocción: 10 minutos.
Porciones: 4

Ingredientes:

- 1 ¼ tazas de mezcla de ensalada de repollo
- 1 cucharada de maní picado
- 4 cucharadas de ensalada de maní tailandesa
- 1/8 cucharadita de pimienta negra
- 1 cucharadita de ajo picado
- ¼ de cucharadita de sal
- 1 libra de pavo molido crudo sin grasa
- ¾ cucharadita de pimienta molida
- ¼ de taza de zanahorias ralladas
- 1 cucharada de cilantro picado
- 1/3 taza de cebolletas picadas
- 2 claras de huevo

Direcciones:

1. Encienda Air Fryer y precaliente hasta 360oF.
2. Lavar y cortar todas las verduras.
3. Mezcle la mezcla de ensalada de repollo con ensalada tailandesa, maní, pimienta, ajo y sal. Coloca esta mezcla en la nevera.
4. Mezcle todos los demás ingredientes.
5. Formar bolas de los ingredientes.
7. Hornee las bolas en la Air Fryer durante 10 minutos.
8. ¡Agregue repollo a las bolas horneadas y sirva!

Nutrición:

- Calorías: 224
- Grasas: 10g
- Hidratos de Carbono: 7,5g
- Proteínas: 25,5g

Tikka Masala con Pollo

¡Pollo en salsa picante y delicioso!

Tiempo de preparación: 30 minutos
Tiempo de cocción: 40 minutos.
Porciones: 6

Ingredientes:

- 1 ½ lb de pechuga de pollo
- ½ cucharadita de pimienta
- ½ taza de yogur
- ½ cucharadita de sal
- 2 dientes de ajo
- 1 cucharadita de masala
- 1 cucharada de jengibre
- 1 cucharada de jugo de limón
- Cilantro
- 2 cucharadas de mantequilla derretida
- Arroz al vapor
- 3 dientes de ajo
- Sal al gusto
- 2 jalapeños

- 1 taza de cremas
- 1 cucharada de jengibre
- 14 oz de tomates
- 2 cucharaditas de pimentón
- 2 cucharaditas de garam masala

Direcciones:

1. Lavar y cortar la carne.
2. Encienda Air Fryer y precaliente hasta 360oF.
3. Mezcle el yogur con ajo, jengibre, jugo de limón, sal, pimienta, garam masala.
4. Cubra el pollo con la marinada. Cocine el pollo en la Air Fryer durante 20 minutos.
5. Mezcle la mantequilla derretida, el jengibre y los jalapeños. Agregue a la Air Fryer y cocine el pollo por 20 minutos más.
6. Sirve el pollo con arroz y cilantro.

Nutrición:

- Calorías: 360
- Grasas: 14g
- Hidratos de Carbono: 39g
- Proteína: 21g

Nachos de pavo y feta

Pruebe su sabor: ¡nachos de pavo con verduras frescas y queso tierno!

Tiempo de preparación: 30 minutos
Tiempo de cocción: 15 minutos.
Porciones: 1

Ingredientes:

- 2 libras de carne de pavo
- 1 bolsa de totopos
- 4 dientes de ajo
- Pimienta al gusto
- 1 limón
- Sal al gusto
- 5 cebollas
- ¼ taza de aceite de oliva
- 1 cucharada de orégano
- Palta
- 12 onzas de queso feta
- 2 tomates
- 2 tazas de salsa tzatziki
- 1 taza de aceitunas

Direcciones:

1. Encienda la Air Fryer y precaliente hasta 380oF.
2. Mezcle los dientes de ajo, el jugo de limón, el orégano, el aceite de oliva, el aceite, la sal y la pimienta.
3. Cubra el pavo picado con la marinada.
4. Deje marinar el pavo durante 25 minutos.
5. Pica la cebolla y agrégala a la mezcla de pavo.
6. Picar tomates, aceitunas y aguacate.
7. Cubra el pavo con totopos, queso feta y verduras.
8. Hornee el pavo en la Air Fryer durante 15 minutos.
9. Sirva el pavo con salsa tzatziki y limón.

Nutrición:

- Calorías: 555
- Grasas: 29g
- Hidratos de Carbono: 40g
- Proteínas: 31g

Hamburguesa De Pollo Zinger

¡Prueba la auténtica hamburguesa zinger con tierna carne de pollo!

Tiempo de preparación: 10 minutos
Tiempo de cocción: 15 minutos.
Porciones: 4

Ingredientes:

- 6 pechugas de pollo
- Sal al gusto
- Pimienta al gusto
- 0.34 onzas líquidas de mezcla de especias KFC
- Huevo
- 1.76 oz de harina
- 1 cucharadita de pimentón
- 1 cucharadita de salsa Worcester
- 1 cucharadita de mostaza en polvo
- 3.4 fl oz de pan rallado

Direcciones:

1. Encienda Air Fryer y precaliente hasta 360oF.
2. Haga una carne picada de pollo.

3. Mezclar la salsa con el polvo, el pimentón, la sal y la pimienta. Agregue las especias y mezcle.
4. Coloque la carne de pollo en la marinada. Dejar marinar varios minutos.
5. Cubra la carne con harina.
6. Cubra el pollo con el huevo batido.
7. Cubra el pollo con el pan rallado.
8. Cocine el pollo en la Air Fryer durante 15 minutos.
10. Sirve carne de pollo con pan y tomates, ¡lechuga como una hamburguesa!

Nutrición:

- Calorías: 490
- Grasas: 21g
- Hidratos de Carbono: 47g
- Proteínas: 27g

Tilapia de ajo con parmesano

Pescado tierno y satisfactorio con salsa suave y deliciosa: ¡es fácil cocinar platos complicados con Air Fryer!

Tiempo de preparación: 5 minutos.
Tiempo de cocción: 10 minutos.
Porciones: 4

Ingredientes:

- 4 filetes de tilapia
- 2 tazas de bolsitas de verduras
- 2 cucharadas de mantequilla derretida
- Perejil fresco
- ½ taza de jugo de limón
- Sal al gusto
- Pimienta al gusto
- 1 cucharadita de ajo en polvo
- ¼ taza de parmesano
- Rodajas de limón para servir

Direcciones:

1. Encienda la Air Fryer y precaliente hasta 380oF.
2. Mezcle la mantequilla derretida con jugo de limón y ajo en polvo, sal, pimienta y bolsitas.
3. Cubre la tilapia con mantequilla derretida.
4. Hornee la tilapia durante 5 minutos en la Air Fryer.
5. Cubre la tilapia con queso parmesano y hornea por 7 minutos más.
6. ¡Sirve con rodajas de limón y perejil!

Nutrición:

- Calorías: 400
- Grasas: 26g
- Hidratos de Carbono: 7g
- Proteína: 36g

Conclusión

Freír al aire es uno de los métodos de cocción más populares en estos días y las freidoras se han convertido en una de las herramientas más increíbles de la cocina.
¡Las freidoras te ayudan a cocinar comidas saludables y deliciosas en poco tiempo! ¡No necesita ser un experto en la cocina para cocinar platos especiales para usted y sus seres queridos!
¡Solo tiene que tener una freidora y este gran libro de cocina de freidora!

¡Pronto preparará los mejores platos e impresionará a todos a su alrededor con sus comidas caseras!
¡Confía en nosotros! ¡Ponga sus manos en una freidora y en esta útil colección de recetas de freidoras y comience su nueva experiencia de cocina!
¡Diviértete!

www.ingramcontent.com/pod-product-compliance
Lightning Source LLC
Chambersburg PA
CBHW071820080526
44589CB00012B/869